U0939309

庞贞强◆著

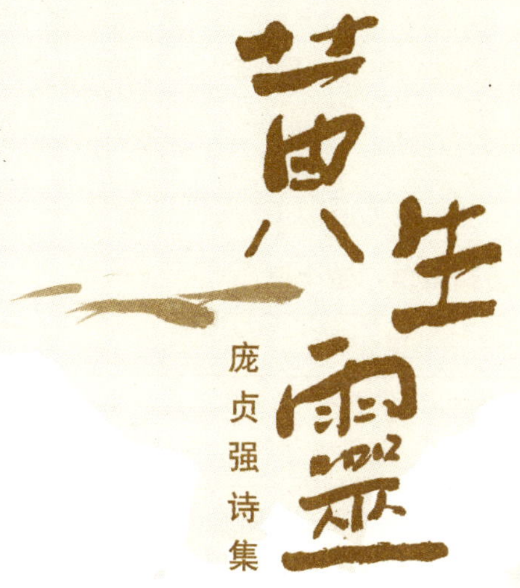

光明日报出版社

图书在版编目（CIP）数据

庞贞强诗集. 黄生灵 / 庞贞强著. —北京：光明日报出版社，2016.5
ISBN 978-7-5194-0263-1

Ⅰ. ①庞… Ⅱ. ①庞… Ⅲ. ①诗集—中国—当代 Ⅳ. ①I227

中国版本图书馆CIP数据核字（2016）第056855号

庞贞强诗集：黄生灵

著　　者：庞贞强　　　　策　　划：关　瀛

责任编辑：谢　香　李　倩　　　　责任校对：傅泉泽
封面设计：李尘工作室　　　　责任印制：曹　诤

出版发行：光明日报出版社
地　　址：北京市东城区珠市口东大街5号，100062
电　　话：010-67078248（咨询），67078870（发行），67019571（邮购）
传　　真：010-67078227，67078255
网　　址：http://book.gmw.cn
E - mail：gmcbs@gmw.cn
法律顾问：北京德恒律师事务所龚柳方律师

印　　刷：北京荣泰印刷有限公司
装　　订：北京荣泰印刷有限公司
本书如有破损、缺页、装订错误，请与本社联系调换

开　　本：787×1092　1/32　　　　印　　数：5000册
字　　数：200千字　　　　印　　张：10
版　　次：2016年3月第1版　　　　印　　次：2016年3月第1次印刷
书　　号：ISBN 978-7-5194-0263-1

定　　价：36.00元

黄生灵

吉狄马加题

寄语

走进一望无际的撒哈拉，俯身抓起一把黄沙，揉搓后体味它漏出指缝时的挣扎。仿佛肉体消失后，都会变成沙粒。在时间的沙漏里，循环颠倒，给过去的自己一次次跪下。我却只想做一股风，把记忆的沙粒轻轻吹起，又轻轻放下。试图把某一粒沙子，放进某个人的眼角，引出那一行岁月的泪。看着它滴下，浸没，然后消失。

目录

第二章　为普通人写诗　25

第三章　黄生灵　91

序

人生与诗的三原色

祁　人

一直以来，我始终坚信，诗歌是世上最美好的选择。

庞贞强就是这样一位选择了诗意栖居的人，他生长于大西北的新疆，上过大学、当过兵、跑过销售、管过企业，如今身处内蒙古大草原上，每日放牧着他的人生与诗歌。其实，对他而言，无论在什么地方，已经不太重要，因为他选择了诗歌，走过的道路便留下诗意的痕迹，诗歌令他拥有了绚丽的人生。

第一次知道庞贞强，是在微信圈听到美女朗诵家朱丽读的一首诗《蝴蝶》：“蝴蝶的翅膀 / 像时间虚掩着门 / 进进出出的视线 / 哪一个不迷离……”，几行生动的诗句，便引起我的兴趣，对他的名字便有了些许印象。后来，又陆续读到他的一些诗作，如《深眸》：“注视老了/ 会凋落成孤雁 / 我的眼眸　深深的凹陷 / 树叶老了在坑中酝酿……”，如《打湿》：“你的眼睛/有一天成了我的月亮/我闭上双眼/只有月光如水……”，这些都是颇有诗意、耐人寻味的作品。再后来，发现网络上还有一个“庞贞强诗歌名人诵读堂”，各地众多的朗诵艺术家都在参与其中。我想，一位身在内蒙古的诗人，何以吸引那么多朗诵家的关注和参与呢？说明诗人庞贞强应是有人格魅力、为人可交的，他的诗歌并非装腔作势的假大空之作，而是蕴含真情、接地气的、深受大家喜欢的作品。

故此，当朋友向我推荐庞贞强，请我为他的三本诗集作序时，我没有丝毫的陌生感，几乎没有犹豫，便欣然应允。

呈现在我面前的样稿，是庞贞强洋洋洒洒的三大本诗集，分别名为《红涅槃》《黄生灵》《蓝印花》。就其书名而言，“红、黄、蓝”似乎是诗人的系列三部曲，以三种色彩来命名诗集，应该有作者的象征意义。我想，庞贞强的血管里应该流淌着中国传统文化的血脉，因为他偏爱的红黄蓝正是中国传统文化道教的精髓。这在“太极”可以找到缘由，太极八卦就是由红黄蓝三种基本粒子组成的一个统一场，是道生一、一生二、二生三、三生万物的“众妙之门”，乃是终极的宇宙本源。诗歌的本源不也是三原素吗，“红黄蓝”恰如诗所代表的“真善美”三原素。所谓殊途同归，翻开庞贞强的诗歌，红黄蓝三种诗集，其所蕴含的真善美三元素，便旗帜鲜明地展现在眼前。

红色，生命的颜色，是流动的血液，诗集《红涅槃》预示的就是生命的再生，代表着激情和热度，这是诗的生命——即真实、真挚、和真情，也是诗的基本元素。翻开《红涅槃》中，随处可以深切的体会到这种真实。“那残垣断壁上/全都是风的痕迹/就像许多年以后/你脸上的痕迹”（《风的欲望》），这是现实生活场景的真实；“其实孤独/到哪里都一样/无论在闹市/还是在陶渊明的小村庄”（《其实》）这是虚拟情绪的真实，是个人的，也是群体的；“这就是我的雪天/情书的碎片/梦一样落下/我要吸纳这一切/在内心落下一场/永不化的雪/今生不化/永世不化”（《不化的雪》），这是感情的真挚表达，发自内心感动自我，也感染他人；而“如果灵魂有长度/我愿意拿出百分之百/去挥霍/在浅浅的古韵里/化作一樽青花”（《五瓣丁香》），这样的诗句已经是真情的升华了，诗人奇妙想象，让灵魂也有了长度——读之，令人赞叹。

黄色，是高贵的颜色，古为皇帝专用；黄色也是丰富的色彩，代表光辉和希望，是暖色，正能量的颜色，是为善也。或者说，黄色实乃赋予和增添，如佛家之善缘，代表着生命的宽度。翻开诗集《黄生灵》，便感受到善的正能量。“我亲眼目睹/无知的湖水冲走你的影/可视线里为什么你还在”（《亲眼目睹》），一种对生灵的祈愿，此为善愿；“大家拼命地逃离/我却义无反顾的靠近/如果温度足够的高/我愿意变成青春的耀斑”（《孽火》），一首描写天津大爆炸向消防队员致敬的诗歌，表现对生命的惋惜和怜悯，是为善心；“如果你做了善事被误解或遗忘/不管怎样　可以依然做下去/因为慈悲是内心的事情/而不是表演”（《不管怎样》），人生难免遭遇误解，不因诋毁而一如既往者，是为善行；“我摔倒的地方/脚敢去触碰的地方都是大地/所有手触摸不到/脚也踩不到的地方　都是天空”（《一串黑琥珀》），将诗歌伸向特殊人群、关注盲人生活，这是诗人责任与使命的体现，乃为善德……

由此可见，作为诗人庞贞强的诗歌没有局限于自我，而是拥抱世界，让诗意蔓延。他写出租司机、写自卫反击战中退役的英雄、写自闭症的孩子、写93大阅兵、写一部电影《尘与雪》的观感、写神话、写上古文明、写横公鱼、乃至写转世、写香灰等等，庞贞强的笔触所到之处，是一颗敏感的诗心与慈悲的情怀，给予读者深深的感动，亦是善行的衍生……

蓝色，是宁静而深远的，而我也喜欢庞贞强的诗集《蓝印花》。《蓝印花》可谓与我有缘，因为十余年前我组织中国诗歌万里行走进江苏省南通市举行“吟咏南通旅游诗会”时，曾参观过一座蓝印花布博物馆，还为之写过一首题为《蓝印花布》的小诗在人民日报“大地”副刊上发表，描写的是童年时代对蓝印花布的记忆。而庞贞强的《蓝印花》，则是属于他自己的情感体验与美好抒怀。他的这些短小精悍的诗作，诸如上述提到的《蝴蝶》《深眸》《打湿》等，是诗人信手拈来，却总是耐人寻味、引人深思、给人美的享受。

红、黄、蓝三原色，映照着诗人庞贞强的诗意人生，三本厚厚的诗集折射着诗人的禀赋与激情。凭借天生的禀赋和饱满的激情，庞贞强迄今已创作了一万首诗，据说他正以自己的诗歌申请相关的吉尼斯世界纪录，的确令人惊奇与感叹，然而惊奇不也像一首美妙的诗歌吗？我想，诗歌的价值，不应该局限于文本，诗的意义更是一种精神的传承和发扬。在此，我祝愿庞贞强以其诗歌为圆点的美好愿望，以及他的所有梦想，都能美梦成真。

阅读庞贞强的诗歌，倘若简单地用三原色概括，还远远不够，比如他的诗歌语言特点、诗歌的表现形式、艺术、精神向度等诸多方面，有待更多读者与评论家的关注和赏析。我相信，在探索诗歌艺术的道路上，庞贞强一定有着自己更高的追求。

贞强说得好，“诗一定是美的”。当然，是当下的，是大众的，也是可诵读的。

透过庞贞强的诗歌作品和他的人生轨迹，从他令人惊奇的身影中，我看到一个充满诗意的人生，和一行行真善美的足迹……

是为序。

2016年4月16日于北京

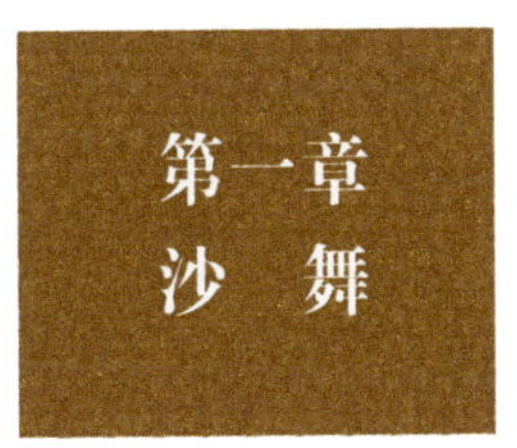

我一次次错过了，进化成黄沙的机会。每一次狂风来时，我都会躲起来，只有三毛走进去了。沙粒被狂风聚集，我却被时间分散。它们被倒入月之沙漏里，变成月光无痕的倾泻。我却因记忆之剪的纠缠，一天天碎片化了。

如果佛说只能遇见，我便将遇见当作禅定。

一 只 能

如果佛说
只能遇见
我便将遇见
当作禅定
闭上双眼
让那一刻永远不散去

如果你

不是流水

我便做一朵

不肯红的花

落进你目光所及处

让你想象那盛开的一瞬间

如果

注定是一场聊斋

我便认定

你是那妖孽

我却偏要做

那个书生

和你缠绵耗尽所有精髓

如果

你需要我错过

我便做

时间的俘虏

在错的尽头

等待一个转身

哪怕转身之后

又是一次

错过

如果注定是一场聊斋，我便认定你是那妖孽，我却偏要做那个书生，和你缠绵耗尽所有精髓。

蝴蝶的翅膀，像时间虚掩着门。

一 蝴 蝶

蝴蝶的翅膀
像时间虚掩着门
进进出出的视线
哪一个不迷离
用水洗一洗目光
是否会变得清澈
踏向一堆泥土
会不会想到泥土里

有一只明天的蝶

梁祝只发生了一次

为什么却让一千个人痛

我捂着胸口蹲下来

眼睁睁看着自己的心跳

流淌一地

却发现

我却不在

那一千个人

中间

梁祝里有两只蝶。我却不在那一千个人中间，我是另一只蝶，一世一世的追随而来。

多想被同一场雨，
淋湿。

一 恰逢其时

多想被同一场雨

淋湿

只要云愿意哭

多想被同一场风

吹落

只要叶子愿意凋零

多想同一个故事里

有你有我

只要故事发生的

恰逢其时

多想誓言　就是将来

可誓言保护的

只是一辈子以前的

那滴泪水

多想同一个故事里，有你有我。

无知的湖水冲走你的影，可视线里为什么你还在。

一 亲眼目睹

我亲眼目睹
无知的湖水冲走你的影
可视线里为什么你还在
微风把你皱褶
我又迅速的把你抚平
我亲眼目睹
针一样的石块砸入湖心
为什么一秒钟后湖面恢复了

我的心还在坠痛
涟漪在记忆上玫瑰花一般玫红
我亲眼目睹
子夜的我和蜡烛对视
为什么蜡烛早已熄灭
却还是看着蜡烛的残躯
不肯睡去
满手的长亭　满眼的长安
为什么只是　一片焦黄的落叶
飘入林黛玉的手心

满手的长亭，满眼的长安，为什么只是一片焦黄的落叶。

因为慈悲是内心的事情，而不是为了表演。

一 不管怎样

身体外的每一个人
都有可能给你
你不想要的体验
不管怎样　可以依然爱他们
因为爱是一种原谅
不是原谅别人
而是在原谅自己

如果你做了善事被误解或遗忘

不管怎样　可以依然做下去
因为慈悲是内心的事情
而不是为了表演

如果成功以后
得到了更多虚假的赞誉
或者引来更加强大的敌人
不管怎样　你依然要成功
因为那一刻之前　所有的磨难
才是你人生的最高峰

如果把所有的美好献出去
最后只得到了孤独
不管怎样　你依然要献出去
因为孤独的水中　一定有一轮月亮
可以轻轻的捧在手里
变成一百年后的自己

因为爱是一种原谅，不是原谅别人，而是在原谅自己。

我笑了，记忆却哭了。

一 还在灯下

青丝变成白发
夜的漆黑补了进来
呼吸给了火
再一次燃烧的欲望
篝火不在三十年前
却在目光一寸之外
我笑了
记忆却哭了

亲眼目睹的都是自己
费尽周折的都是别人
直到此刻
直到要离开人世的此刻
才明白
早一点把自己
变成别人
该多好

亲眼目睹的都是自己，费尽周折的都是别人。

十八岁的梨花，笑了一地。

一 梨花

十八岁的梨花
经不住
我炽热的目光
笑了一地
醉了天涯
我蹲下身体
看见了土地
妊娠期的土地

怀了梦
那芽都是
梦话

妊娠期的土地，怀了梦，那芽都是梦话。

我凝视那花瓣，
如何在盛开的第二天凋谢。

一 我凝视

我凝视那花瓣
如何打开自己
我凝视那雁儿
如何让痕迹透明
我凝视自己的名字
为什么从生到死一成不变
我凝视汨罗江
只剩下波涛滚滚而去

我凝视那花瓣

如何在盛开的第二天凋谢

我凝视那雁儿

为什么透明的背影里

装满了铅色的天

我凝视自己的名字

三个字像三个纤夫

如何背负那么多忧伤的故事

我凝视汨罗江

才知道屈原跳下去的地方

成了一种渴望

我凝视自己的名字，三个字像三个纤夫，如何背负那么多忧伤的故事。

我看见长眠的落叶，一片红，一片黄。

一 隔着雨的灯光

从车窗里望出去
仿佛对面是另一个世界
移动的我
内心一片苍凉
仿佛雪后的家乡
看不清云的模样
云从雪的尽头逃离了
去了那个安睡的地方

她说今生何必久睡
死后自会长眠
我看见长眠的落叶
一片红
一片黄

她说今生何必久睡，死后自会长眠。

太近时，她会选择逃离。

一　红楼聚散

都在咫尺
为什么今生的缘
会越来越薄
红楼如纸
被那泪儿湿透

好一个林黛玉
喜散不喜聚

聚时的欢喜
会惹来散后的
更加伤感
内心有了
就不奢望了
太近时
她会选择逃离
逃离后　又会为这逃
黯然落泪

好一个贾宝玉
喜聚不喜散
他对袭人说
你不用忙
将来有散的日子
因为他看到了
将来的自己
像斑驳的红楼高墙
稀索索　从记忆深处

不断剥落墙皮

他拼命聚集

哪怕打诨

也恐那席散了　花谢了

一个人时清凉的

不知去处

红楼里

就没有花好月圆

他早就知道

有一天

终究各自天涯

聚也罢　散也罢

转眼枉凝眉

拥有的不过是

备受煎熬的

过程

他的煎熬

字字如锥

刺入纸的股中

雕成了空心的红楼

最后时刻

只渴求　探春的一句话

奴去也

莫牵连

奴去也，莫牵连。

第二章
为普通人写诗

诗应该是安静的，安静蕴藏在大众之中。

远古时狩猎成功，打仗胜利，获取芳心，敬畏天地时都会做一件事，那就是手舞足蹈。人人可以，人人欣赏，这就是诗的源发，就是诗的责任，就是诗的真谛。

诗发自个体的肺腑，却不妨碍人人可以，人人欣赏。就如一首歌，每个人都可以耗费最低的能量感受它，去感受歌中之美。

谨以此诗，献给在天津大火时义无反顾的消防官兵。

一　孽　火

大家拼命地逃离
我却义无反顾地靠近
看着自己十九岁的容颜用火洗脸
火苗钻进每一个毛孔
不得不把身体变成最后一件衣衫
轻轻盖在白发父母的痛哭和回忆里
我这里如此的炙热

可　可你们那里　为什么——
结了厚厚的冰
如果不记得我的生日
那么今天　我冲进烈火中的今天
就是我永恒的生日
烈火是巨大的　红色的生日蛋糕
我把自己变成了一岁的蜡烛
看着身体泪一样流下
流下时烈焰劈啪作响
可妈妈的泪水却只是无声的——无声的
滴入泥土里
因为妈妈知道我已经归于泥土

大家拼命地逃离
我却义无反顾地靠近
如果温度足够的高
我愿意变成青春的耀斑
如果我回不来

我爸就是你爸我妈就是你妈
这是出发前最后的一条短信
我的朋友啊
真的不知道他们内心的痛何时抚平
你就替我儿子一样的孝敬他们吧

如果生命的归宿逃不出一把火
就让我浴火重生　成为有两个生日的儿子
一个是您生我的日子
一个是我钻进烈火消失的日子
大火是一块麦田
每一年我都会回来收割
因为我的身体　已经变成了种子
变成了泥土本身
变成了一束丁香花
悄悄地盛开在某一个巷口
那里有我还没有开始的爱
可正是因为　还没有开始

所以永远的

永远的存在

儿子对父母的情感，母亲对儿子的情感，战友之情，朋友之情，还有那在某一个巷口青涩的，没有开始的爱情。五种情怀为了那大爱，义无反顾的去了。

谨以此诗献给天下的盲人朋友们。

一　一串黑琥珀

出生时

妈妈把一串黑琥珀

戴在我的睫毛上

咿呀学语时轻轻叮嘱我

你的世界需要去想象

那个时候

我不知道抱得紧

和抱得更紧的区别

只是觉得身上
被拥住时有一点痛
妈妈怕什么
难道怕我摔在地上
会碎了

儿童时
我的天空
我的大地都是想象出来的
我摔倒的地方
脚敢去触碰的地方　都是大地
所有手触摸不到
脚也踩不到的地方　都是天空
包括妈妈身上的味道
那一天第一次有了玩伴
她说　你看那蝴蝶多漂亮
你看那牡丹花颜色多好看
我默默回家后问妈妈
怎么她们说的和我想象的不一样

妈妈摸着我的头说
孩子啊　你小的时候
有一对美丽的蝴蝶飞进了
你的眼眶
等你长大后　它们就会飞走
那个时候就和你想的一样了
我忽然感到头发湿了
我问妈妈下雨了吗
过了许久妈妈说是的
那个晚上人生第一次失眠了
那个晚上的梦
第一次不是妈妈描述的模样
我在想象蝴蝶飞走的样子

长大后
我知道必须使用盲杖
让自己一遍遍听二泉映月
想象着那个泉就在眼前
想象着那个月圆里的圆

就是把两个手的大拇指连着大拇指
中指连着中指的样子
看着我这个样子
妈妈把我的手拉到她的头发上说
孩子　这就是白发
有一天你的世界不需要靠想象
你有手　你有脚　你还有声音
摔痛的地方就是你的勇敢
回音传来的地方
就是你的远方

我记住了这一刻
记住了妈妈声音里的凝重
以前妈妈告诉我的白色
是让我伸出手去接雪
接住了那种微凉的感觉就是白色
此刻的白发却是杂乱的
妈妈表情里的味道　让我的心缩紧
是的我有手　有脚　有声音

这个世界有勇敢　有远方　也一定
有一个舞台　可以让我尽情的表达
我可以听懂风　我可以闻见花的味道
我可以用十个手指　十个脚趾
指点江山

那一天我笑了
我笑了　妈妈也笑了
空气也笑了
我知道了
美好的事情需要去想象
想象后就一定能实现
不好的事情需要去摸去踩
摸到了踩到了
一切都会烟消云散
那一天他摸了我的手
让我知道了羞涩就是
心跳加剧

一年后
我有了孩子
从妈妈的笑声
和孩子的笑声里
我知道明天是一朵朵白云
在爱的河蚌里
刺痛了一路
现在终于变成了珍珠
孩子每一次咯咯咯的笑声
都被我接住了
我终于理解了妈妈
妈妈一辈子其实
就是为了看着我们笑
只要微笑着活着
有一天那一对蝴蝶
会飞出我的眼眶
会飞出我们的眼眶
上帝会摘下那一串黑琥珀

戴在你我的胸口

算是给我们这辈子

最大的奖励

有一天你的世界不需要靠想象，你有手，你有脚，你还有声音。摔痛的地方就是你的勇敢。回音传来的地方，就是你的远方。

谨以此诗献给天下的母亲们。

一 妈妈的头发

那个时候她满头秀发
妈妈怀着我的侧影
是世界上最美丽的曲线
她微笑着低头倾听
肚子里和自己不一样的心跳
那种迫不及待
仿佛我的到来
成了这辈子最重要的使命

那个时候她披头散发
不知多少次敲开急诊室的门
大夫快看看
我的孩子怎么了
一遍遍摸着我的额头
一遍遍的给我喂水喂饭
却忘记了自己
已经一整天
没吃没喝

那个时候她的头发里有了几根白发
每一天送我上学接我回家
把温热适度的饭端到桌前
微笑着看着你一口气吃完
那改了又改的小花袄
至今还能给我温暖
那河边洗衣服的身影
变成了岁月

被流水一个劲的冲刷着
向东而去

那个时候她一半的头发白了
我决定一个人走天涯
她望着去的方向
你望着来的方向
中间全都是风干的时间
多少天没有接到孩子的电话了
他在外面还好吗
今天又掉了不少头发
从掉发里一遍遍数着牵挂
直到双眼模糊

这个时候她的头发全白了
儿女啊不要像落叶
何时回家让风决定
如果你离家比较远

记得把电话变成对视
如果离家比较近
记得进屋后搓着她的手
告诉她一切都好
告诉她你的琐事
她只是想让你回屋歇一歇
这个屋子在她的眼里
就是没有剪断的脐带

给你生命的人
也需要温暖
妈妈的白发就是月亮
回家的日子
就是月圆的日子
多去陪陪妈妈
她微笑着从我们身上仿佛看到了
自己几十年的影子
虽然微笑里噙着泪花

可是我知道这泪花

可以把明天

融化

妈妈的白发就是月亮，回家的日子，就是月圆的日子。

献给全天下的出租车司机朋友们。

一 一路同行

每一天
在太阳的前面
把静悄悄的城市唤醒
载上那个还打着哈欠的人
赶最早一班飞机
她的家人在等着她
我起来时　儿子依旧熟睡着

亲一亲额头

儿子　不要每天醒来

迷糊中都问一遍妈妈

爸爸去哪了

醒来的城市

密密麻麻的人群

车上的老华侨想找的那个巷子

已经换了三个名字

他手上的地图不知所措

我脑子里的地图

终于帮他找到了牵挂

看着已经盖成大厦的地方

他眼里噙着泪水

一切都变了

谢谢你帮我了了

三十年的心愿

坐进驾驶室

这个狭小的空间
慢慢感觉自己是一只鹰
飞入高空的鹰
才会给自己说话
除了有客人的时候
都在安静里度过
看见了那个模型飞机
给儿子买了两天了
怎么忘了给他
想起来后备箱里的一袋米
给年迈的父母买的
今天一定抽空送过去

天渐渐的黑了
倾盆大雨哗啦啦的下
不记得这是多少个
看不见月亮的夜晚
摸着方向盘十七年了

雨刮器的咯吱声

让我想起一幕幕往事

那次连闯十七个红灯

送进急诊室的孕妇

她的孩子也十七岁了吧

她的家人感激的跪下时

我知道自己有多伟大

那个老大爷

颤巍巍的接住

我送回来的　他丢了的钱时

哽咽着说

这是给老伴看慢性病的

谢谢你啊

他看我的眼神　那情感

如同我就是

他的亲生儿子

那个急匆匆丢了准考证的孩子

当看见我返回送准考证时

她感激得放声大哭
也许她考入了名牌大学
或者平平淡淡的活着
我觉得都挺好

我悄悄推开家门
蹑手蹑脚的走进客厅
饭菜还热着
桌上放着一张纸条
孩子的作业这两天不好
有空时你和他聊聊
妈今天来过了
给你拿了一个热水袋
让你多注意自己的胃病
看着熟睡的母子俩
看着满屋子的牵挂
我知道
我的方向盘每一天
都在护送着别人的牵挂

每一天都有人

在牵挂着我

我们一路同行

遇见你真好

我的方向盘每一天，都在护送着别人的牵挂。每一天都有人，在牵挂着我。

献给参加了对越自卫反击战的所有英雄们。

一 兄弟 我又来了

清明节

广西凭祥法卡山

夏石烈士陵园

天开始抽泣

我叫醒了墓碑里的三个兄弟

一瓶烈酒　一盒云烟

三堆烧成灰的黄纸
靠着碑座闭目坐下
兄弟　我又来了
这一年过的还好吗
风烈烈的吹进　我失聪的右耳
算是一种回答

三十年前
弱冠之年的四个年轻人
在法卡山主攻的前一夜
对天盟誓
活下来的要为死去的扫墓
活下来的要为死去的照顾家人
发完誓
打开了那瓶桂林三花酒
一人一口　一圈轮完
瓶子也空了
我们用年轻的脸笑着　笑着
仿佛不知道

未来会发生什么

他不知道那一枚炮弹
会齐腰炸飞他的下半身
在敌人探照灯和交叉平射的子弹里
我扑向他的躯干
我真的不知道　一个人只剩下躯干时
依然可以发出　那么大的奇怪的叫声
他不想死　圆睁双眼直到血流干
他也不知道　为了给战友们打一壶水
水沟旁成了生命的终点
身体在沟坎上　脸趴浮在水沟里
左手紧紧抓着　打开盖子的白色塑料壶
那壶随着水的流动　轻摆着
右手捂着贯穿脖颈的弹孔
那水一点点变得鲜红
他也不知道　夺取山头欢呼时
会有一枚炮弹落下来
让他变成了青烟

连衣服的碎片　都没有找到
只有我　被子弹偏离胸口射中
右耳被炸响震聋
幸运的活了下来

苏醒前全部的记忆
就是我们四个人的誓言
还有他们年轻的笑脸
退伍第一年　我考上了大学
把这个好消息一定要告诉他们
从湖南出发　一天一夜的火车
立刻徒步十几里山路
夕阳西下时　我到了
看着那纵横交错　一排排战友的墓碑
我泪流满面
碧血尽　忠魂泣　头颅悬　国门立
莫道他无名　青山作证　流水作证　白云作证　我们作证
一刹那淅淅沥沥

天哭了

打开一样的三花酒
给你们都斟满
兄弟　我先喝了
兄弟我先干了
一杯一杯　把这55度的液体
灌满我的身体
我要替你们装下　三个人的酒量
一边哭　一边喃喃自语
一边哭　一边一杯杯喝下去
什么时候雨停了　不知道
什么时候天亮了　不知道
什么时候打开了第二瓶　也不知道
两个空酒瓶
一个倒着　一个斜着
我不是酒鬼
只有我们经历过　以命换命
哪怕不认识　只要在同一个战场上

我们之间　只有无私的信任

牺牲的战友　以命换了我们的命

我们以命换了你们的命

冲上去的那一刻

我们都是这样想的

三十年就这样过去了

从弱冠到不惑

活下的都已白发染鬓

每个月我会把钱　打入固定的三个卡里

我孩子生下来　就知道有四个爸爸

大点时　跟我去了许多遍家里了

不要怪我　没带老母亲来看你

她白发苍苍　瘦弱的身体

真的怕出意外

你的小妹妹　已经成家　有了孩子

前几天　你父亲的葬礼我去了

兄弟　我又来了

每一年陪你唠唠家常

下面好寂寞　我清楚

我不在的时候　只有天地　只有风

我说的每一句话　都那么真

我知道

你非常想听

我知道

你非常想听

兄弟，我又来了，这一年过的还好吗。

从自闭症孩子的内心角度，写了这首诗。呼唤我们的了解和关爱。

一　星星的甲骨文

远古时把龟背上的卜文
扔向天空
落下来的结果　就是命运
女娲补天时　把那一块蓝色的“希望”钻石
镶嵌在第九个太阳的心里
那个夜晚它化作流星　无数个碎片落下来
无数个家庭得到了它　上面写了一句句星
星的话

无数个白天黑夜却看不懂
只能把每一天理解的纪录下来
星星碎片上的文字　仿佛甲骨文
看懂的那一部分
就是命运
我来了
和那个你理解的结果一起来了
这只是一个开始　不代表结束
也不是一个错误　仅仅是一个选择
令人迷惑惶恐　却异常美丽的选择
蓝色的“希望”钻石上有无数个刨面
如果你一定要找自己
可能只是一堆折射的　四分五裂的错觉
罢了
地球上的医生　把这种错觉叫“自闭症”
爸爸妈妈为了这个结果
不断地向后面的时间道歉
难道你们没有发现
我是　如此的独一无二

我的思想存放在　另一个空间
如你仰望夜空时　那片刻的遐思
我不断说着　你内心有却不知怎么表达的话
我笑着　却没有用你理解的　可以笑的理由
却笑得更真
我哭着　却没有用你理解的　可以哭的理由
却哭得更真
我的行为　都不是“典型”的正常行为
因为你的正常标准　来自于常识
而我的行为神经元　却来自女娲
仔细观察我　观察我看到的世界
会发现许许多多曾经忽略的美
自闭症不会传染　不影响健康　根本不需要去掌控
我在用一种全新的方式存在
一种你不曾体验的方式

听说“希望”钻石除了巨大的诱惑
同时也会带来不幸的诅咒
你相信吗
有一天你会明白　我只是一场猜谜游戏
不要用无数个　和常规背离的行为相加
计算出我的未来
我只是谱系障碍　只是总在不同
过度把注意力集中在“自闭症”这三个字
误以为它就是我的最大特质
就会看不到我身上　真正可以给你惊喜的
最大特质
不是它　不是这三个字
听见了吗　我充满感染力的笑声
“自闭症”是我的一部分
我是家的一部分　家又是地球的一部分
地球又是宇宙的一部分
“希望”钻石有六十四个刨面
只有一个刨面上
写满了诅咒

我不是借口　不是末日　更加不是仇恨
不是智障　不是死刑　也不需要药物治疗
不是抛弃　不是怪兽　也不是恶魔
不是沮丧限制　不是不幸无能　或不可爱
不是蓄意犯罪　不是暴力的先兆　更不是恐惧
我是天使的翅膀　是美丽的拼图　是一次挑战
是一段奇妙的旅行　是一个幻境
最大胆的梦中也无法预见的幻境
充满了奇迹　你的　我的奇迹
是忍耐包容　是更加的单纯　是一种独特的表达
是一个谜　是喜忧参半　是欣喜若狂后的期许
是神秘又极具潜力的力量　是重新思考
是一种真正的纯粹
是自然应该的一部分　是与生俱来的天语
是一种宇宙性格

是“英雄所见不同”

我只是一个普普通通的人
和你们一样的　希望得到想要的
内心充满了执拗的爱
只是不会用你们的方式表达
我是爱的纽带
谁也不能把我　和爸爸妈妈分开
最糟糕的不是　玻璃罩住的我蓝色的心跳
而是那些人看我的眼神
“希望”钻石　蓝色的“希望”钻石
它真的带着诅咒吗
谁占有它　就会获得灾难
为什么内心一定想着占有　一定要据为己
有吗
为什么不能失去自己　奉献自己呢
其实他就是上帝
敢于和我坦然相处的日子
你会加倍释放　上帝想让你释放的美好

其实　我从来没有真正不快乐过
只是你的不快乐常常打搅我
总是把我想成　你们担心的样子

星星上的甲骨文被解读了
远古时把龟背上的卜文
扔向天空
落下来的结果　就是命运
那个夜晚　女娲用来补天的一块　蓝色的
“希望”钻石
变成了流星
天使一般的飘落在地球上
无数碎片上的一句句疑似甲骨文
终于有人懂了
那钻石六十四个刨面　只有一个上写了诅咒
诅咒的　是我们内心的自私
其他的刨面都那么美好
看懂了　看懂的那部分
就是你的命运

如圣母一般的

命运

远古时把龟背上的卜文，扔向天空，落下来的结果，就是命运。

从一个妈妈角度写了一首，关于自闭症儿童成长的诗。献给天下的自闭症儿童和他的亲人们，呼唤社会的关爱。

一 我和你

（一）序

他们是星星的孩子

一眨一眨

守着一方夜空

一遍遍把月光的沙子

堆砌成一句句话
写了什么　可以告诉妈妈吗
他看着沙子笑
仿佛没有听见　我的问话
我知道不光眼睛上有睫毛
心上也有睫毛
星星的孩子啊
他们只是把心闭上了
期盼哪一天
你懂他的方式　我懂他的方式
这个世界都能够懂
他们想传递的

（二）出生

一样的艳阳天
一样的喜悦
一样的百岁庆贺后
我开始莫名的慌乱
七个月不爬　九个月不坐

十一个月不起

十八个月了不走

我遥望着他

两岁半了

那个期盼了无数天

呀呀的童音

终于没有喊出爸爸妈妈

仿佛这几个字卡在了他喉咙

孩子啊　卡痛了就喊出来吧

周围的声音　周围人影　周围的玩具

似乎和他毫无关系

只有睡觉时

常常抓狂的哭闹

我遥望着他

你真的是星星吗

（三）绝望

三岁时　我急了

经历了许多莫名的诊断后

我终于知道了这个词“自闭症”

我疯了一般的到处求医

不顾一切的尝试

打脑活素　打头针　吃益智糖浆

最后瘫软在星星的对面

束手无策　以泪洗面

我遥望着关于他的一切

邻居们啊　我们没有虐待孩子

孩子时常三更半夜大哭大闹

是因为他的睡眠障碍

让我和他爸爸只能轮流闭一只眼睡觉

我疲惫的看着他

看着他哭　看着他笑

和我们一模一样的笑

一模一样的哭啊

（四）星星的轨迹

他不是流星

而是一辈子

伴随着严重的刻板行为
一切都不能挪动一切都不能改变
晚上睡觉不能关灯
电视机不能换频道
任何小东西不能换位置
不能来陌生人
出门　门必须关两次
半夜他时不时起来检查
鞋子是否整齐
绝对不能换衣服　那哭闹声
用双手拍打自己的双朵
用头猛撞墙壁
他是星星
真的不是流星
为了找不小心扔掉的一张废纸
他把所有柜子里的东西都翻看了
没有摆回去之前
屋子成了银河系

（五）规则

悬挂在夜空的星星啊

他不知道危险　不知道规则

会走路开始　就狂奔乱跑

只要看见楼梯　马上趴伏在第一梯上

不顾一切的爬到最后一个楼梯

如果阻拦　他会发疯的尖声哭叫

直到完成了他的爬行

看着脏脏的新衣服　和磕碰后

青一块紫一块的手脸

我颓然跌坐在最后一梯上

无力的问　为什么

……………

我透过玻璃窗仔仔细细的看

托儿所里的儿子　一个人躲在角落

拿了一块手帕　用嘴碰　用鼻子闻　一遍遍的看

很脏了也不允许换洗

时间像隔着的玻璃窗多好啊

看着他精致的痴迷

我在想

是否只是他懂的

我还不懂而已

（六）出门

出门如那个巨人

把那块巨石推到离山顶一寸时

巨石总是自动滚落

此刻滚落在我的内心

倾轧着

儿子完全自我

自我到冷漠

我恐惧他越长越高

周围陌生人的议论　和眼神越来越尖刻

陌生人只关心自己　只关心认识的人

我们是对方的陌生人时

那陌生好可怕

难道我孩子的病

是被传染的

（七）播种

有人说　石头地里一定种不出粮食
我却坚信千万次耕耘一定会有收获
一千颗星星的种子
一定可以种出一个月亮
耐心和豁然开朗是起点
何必把发生的理解成苦难
这是一种必然　是一辈子的礼物
爱心够了　一切都坦然了
痛苦是因为解脱的能力还不够
五岁了　必须让他说话
他的父母要一起给他一个场景
仅仅让他看嘴型　听声音远远不够了
我叫他的爸爸　我的老公“爸爸”
他的爸爸　我的老公叫我“妈妈”
一百八十天的情景化教育
五岁半时　他开口叫爸爸了

他的爸爸不敢相信　这突然发生的

不敢相信这突然发出的声音

爸爸用双手捂住自己的双耳

痴了一般的冲着他的儿子

一遍遍喊出爸爸

爸爸　爸爸　爸爸　爸爸

看着儿子的口型一遍遍打开又合上

我轻轻的用双手握住爸爸的双手

把他的手　从他自己的耳朵上移开

是真的　是真的　我重复着

他清晰的听见了　听见了

那一声等了太久的爸爸

爸爸本人机械的又重复两声后

捂着脸瘫坐在地上

一个中年男人的嚎哭原来如此可怕

可我知道这一次是因为喜悦

我的泪水也开了闸

我把从脸上抹下来的眼泪

润肤膏一样的

抹在了儿子的脸上

（八）上学

幼儿园被劝退三次的教训
让我知道面对
不光自己要面对
还要让别人知道我的面对
和我一起去面对
我和一年级的老师坦诚地　说了他的一切
开学第一天
我发现　他坐在自己位置上　那么认真
偶尔分心和小动作
都被老师巧妙的阻止了
星星终于一眨一眨
开始和夜空对话了
……………
他经历了青春期
终于学会了小事情不哭
现在这个一米七的小伙子

在爸爸下班后　会说

爸爸辛苦了

在妈妈烧好菜　吃一口后

会说

妈妈今天的菜　烧的真好吃

（九）空间

我和你

不论熟悉还是陌生

我们的心不能陌生

我可以欣赏他　那些最简单的成功了

时间就那么多

害怕成为弱者的恐惧

让一些人在陌生的弱者面前

躲避　践踏　诋毁弱者

透过和儿子这十八年

我才真正明白了

上帝派弱者来　就是为了拯救我们的

给我们　简单的　实在的　充足的　快乐

之泉

陌生是一种恐惧

我终于懂了儿子想传递的

上帝让他告诉我

用最爱的心　面对陌生

人生就是天堂

用最爱的心，面对陌生，人生就是天堂。

大学毕业后，二十年或三十年搞过同学聚会吗？聚会时诗里的哪个样子是你

一 三十年如诗

记忆里的时间如水

煮熟的三十年

从同学一起的那天开始

大一三班的牌子

现在想起来像瓷白的茶杯

我们都是茶　一杯一杯

刚刚沏上

老师像茶勺

融入我们　轻轻搅拌
害怕惊扰了
茶中的梦境

时间里记忆的水滚了
煮了三十年
今天选择相聚和碰杯
碰杯时轻一点
不要把　当初的小秘密洒出来
见面时不要把我
误喊成王老师
三十年前的王老师
和三十年后的我　真的很像吗
大家精心准备的第一印象
竟然像喝第一口咖啡
一本正经的样子
啊　喷出一口说
好苦

水倒进了时间里

三十年煮成什么模样

乍见面的场景

怎么如此陌生

第三次举起酒杯　一饮而尽后

他开始一如既往的

打断所有人的话

他还是当初一样

隔着镜片看着发生的一切

只是这一回

面带微笑

她还是当初一样

用崇拜的眼神看着他

只是这个他

换成了那个他

大家终于原形毕露

这不还是当年的大一三班吗

时间从记忆里漏了出来

煮了三十年的暗恋

带着一点点惶恐而来

一开始就在用余光找她

还是不敢正视

曾经心中的女神

难道她没有来吗

一点点失落滑落心头

他指给我　那不就是她吗

没想到岁月可以改变一切

她变得像　她的妈妈

刹那间　他释然了

在时间面前

有些爱会变成情结

只要爱过

就足够了

时间啊

如此的神奇

告诉我　再一个三十年后

我们会变成什么样

今天的酒一定要畅饮

今天的醉

会变成　成年以来

最初元的纯真

时间煮了那么久

累了吧

做个约定

从今天开始

我们相互之间

只交流如何

去放下

告诉我 再一个三十年后，我们会变成什么样。

2014年6月13日，我不慎感染了“出血热”（又名鼠疫）。在最初四天的抢救中，我一度陷入深度昏迷，昏迷时真真切切的出现了“幻听幻视”。出现了无死角的视觉，不需要按时间排序的发生，脱离身体羽毛一般轻飘飘的亲身经历，可以同时看见无数个瞬间的感知能力，八个方向同时驶过来的列车（能够同时看清楚每个列车和每个车厢内的全景）。那一刻愉快而轻松，这些超感觉突然一点点消失着。我努力想留在那里，贪恋着那些感觉能力，却慢慢醒了。

一 死亡

死亡像一束光
透过薄薄的蝉翼
蝉翼上的经脉
如惨白的蜘蛛网
一点点网住流离的目光
那是目光的坟茔
平躺着一动不动
那些网眼竟然
疏而不漏

死亡像一束光
透过薄薄的蝉翼
现在已经是第七天
滴水未进的嘴唇
那裂纹如耄耋老人的手
蝉翼的纹理
如爬满的青筋
青筋里流淌的
已经不是血液
而是死亡的抚摸
如蛆一般的组织
慢慢拥紧我

死亡像一束光
透过薄薄的蝉翼
还剩下零点一秒
我听见地狱撕裂的声音
仿佛非常遥远
却让我的耳膜

鼓一样躁动

今生已经远去

来世浸泡到了眉心

只剩下一些黑白交错的发

水草一样在湖面

随着野风疯长

青筋里流淌的，已经不是血液，而是死亡的抚摸。如蛆一般的组织，慢慢拥紧我。

集天下弱者之私，成就社会之公，这就是我理解的中国梦。

一　梦想的方舟

醒着　让自己去做主叫理想
因为目光的限制
许多人的理想　拥挤在一个狭长的空间
最怕的是火攻　或者从高处滚落的巨石
都觉得别人妨碍了自己
仿佛别人多的　就是自己少的
目光里的温情少了　戒备多了
把自己的心变成了三国

都争着去做　那个头痛欲裂的曹孟德

酣睡着　让灵魂去做主叫梦想
没有了　体重的羁绊
我们的梦想可以飞　肋生彩霞
弯曲的脊梁　可以成为别人的彩虹桥
每个踏上去的人　都不是为了体重
不是为了食物
只是为了微笑着路过
用云的手轻轻抚摸　蔚蓝色的天空
记得承载了人类希望的诺亚方舟
最后逃离的　就是一场心的灾难
那长300肘尺宽50肘尺高30肘尺的诺亚方舟啊
今天就镶嵌在厄尔布尔士山脉
变成了一块化石
化石里长满橄榄枝的血管蓝天下开始脉动
有一天它会在无声无息中复活

不知何时　理想的目的就是去伟大自己
许多人所谓的成功　就是成功后
发泄自己过去失败的怒气
仿佛成功就是为了杀戮
用挥霍证明自己脆弱如阴骨的自尊心
没有热血　没有脊梁　没有蔚蓝色的心
麻木的看着弱者　哪怕付出一点点帮助
都非要去证明一下　那个乞丐是真的吗
那个拿了赞助的人　满足了一点点个人愿望
好像天理不容似的
就算他不是真乞丐又怎么了
就算得到帮助的人　拿了一点点买了手机
又怎么了
慈悲是自己内心的事情　而不是为了表演
许多的时候　你的强　不是你可以获得那
么多的绝对理由
无论得到多少　我们每个人的得到
一定有一部分是要　分享给别人的

从今天开始　梦想的目的　就是从渺小自己开始

你看那天上的鹰　当它越来越渺小时

一定变成了　太阳的耀斑

集所有弱者之私成就社会之公

因为他出生的地点　因为他教育的方式

因为他说话的口音

因为他只能认识的人

不应该成为他必须是弱者的理由

你因此的成功所获得的　也不应该成为得到全部且恣意发泄的理由

他们要的其实　非常简单

他只是想打工时　拿到应该给他的工资

她只是想　让孩子上完学

他只是想　自己天生的好嗓子　不要被评委随便否决

让更多的人听见自己的歌声

她只是想　住一间不漏雨的小屋子

他只是想……

她只是想……

他们只是想……

集天下弱者之私　成就社会之公

这就是中国梦

让理所当然变成责任　变成忏悔

这就是中国梦

敬畏太阳　敬畏小草　敬畏弱者

这就是中国梦

心甘情愿的去慈悲而不是没完没了探究弱者的疤痕

这就是中国梦

不再用获得的自知　去否定去嘲笑茫然的不自知

这就是中国梦

不因为个别所谓强者的行为　去向更弱的人发泄

这就是中国梦

内心平和　渺小自己　让心变成白鸽

这就是中国梦
一带一路　走出去和世界友好握手　而不
是和自己人掰腕子
这就是中国梦
中国梦来自　每个中国人内心的改变
中国梦来自　每个中国人内心出发点的改变
中国梦来自　每个中国人教育下一代心理
模式的改变
……

梦想的诺亚方舟　就在蔚蓝色的天空下
每个中国人的想法　就是方舟里橄榄枝血
管里流淌的血液
我已经看见了　它的涌动
那么鲜红那么干净　会把厄尔布尔士山脉
变成珊瑚
在清澈的目光之水里　静静起航
它要驶向喜马拉雅山脉　去朝拜
那有最干净的空气　那有最虔诚的白雪

那有观世音的后裔

把慈悲的泪　放入圣瓶　洒向路过的每一个人

那圣水变成了一片海　一眼可以看见底部的海

那海水每一天都在　我们的内心涌动

都在梦想的沙滩上写字

那个字一遍遍重复着

那个字　叫爱　这就是梦的终点站

那个字叫爱　这就是

这就是中国梦的

终点站

弱者是一个相对的概念，每一个人即是强者又是弱者。爱是中国梦的起点，又是中国梦的终点。只要人人都拿出一点爱，帮助弱者去实现他们的渴望，这世界就是美好人间。

第三章
黄生灵

如果记忆是黄沙，那么每个人就是敦煌的一个洞穴。我们只是一群在沙漠里渴望美丽线条的基因，不是蓝色的，而是黄色的。皮肤的颜色只是太阳垂青的角度不同罢了，我们共同拥有的就是黄土地，还有黄土地上那些弥久的故事。

我请求爸爸，把世界画在我身上，用基因的笔。

一画在

我的祖先
把世界画在岩石上
我请求爸爸
把世界画在我身上
用基因的笔
在腹中初始
没有名字
没有记忆

只有一双

渴望触碰的手

只有一张

渴望说话的嘴

分娩之后

我看见了自己

也看见了欲望

于是我对着世界笑了

于是世界对着我

也笑了

分娩之后，我看见了自己，也看见了欲望。

那些可以看见我的人看着我，那些我看不见的人也看着我。

一　镜子里的一切

阳光落下后

镜子里装满了人

我捧着一本聊斋

仔细核对她们的身份

那些可以看见我的人看着我

那些我看不见的人也看着我

镜子里越来越拥挤

被遗忘的人

记住了我

记住我的人却被我一次次遗忘

月光下看着自己的影

特别像镜子里的她们

此刻如果离开

她们会同样离开吗

上一秒不一定都是历史

上一秒的事情也不可能完全还原

此刻没有人

给我答案

此刻，没有人给我答案。

我以为历史如此的真实，后来才发现，历史只是如此的逼真。

一 机器的机器

我以为历史是直线

后来老师告诉我

历史是螺旋式的

我以为历史如此的真实

后来才发现

历史只是如此的逼真

历史是被胜利者圈养长大的

我以为人类一天天走向文明

发明了武器

却被武器要了命

发明了汽车

却被汽车堵在离家不远处

发明了城市用来聚拢

却让彼此更加疏远

我以为所有的机器

都是为人类服务的

后来才发现

人类都在为机器服务

只是暂时喝不惯

汽油罢了

我以为所有的机器，都是为人类服务的。后来才发现，人类都在为机器服务。

动物们不得不向南迁徙，因那绿洲丝巾一般，被风吹走了。

一 遗失的绿洲

三毛很清楚

撒哈拉沙漠以前是绿洲

所以她的笔触

完成了光合作用

在塔西里和所有的撒哈拉

我真实的看见那岩壁上

画满了公牛　母牛　长颈鹿

羚羊　大象　还有犀牛

还有一群男人女人的生活
他们中间有一堆火
火里面烧灼着一个个影子
还有绳子里的字
摊开在猎物身旁
这一切证明
这里曾是一片绿洲
动物们不得不向南迁徙
因那绿洲丝巾一般
被风吹走了

不知从哪一天起，绿成了可有可无的点缀。有一天历史重演时，才发现绿应该是我们的全部，是唯一值得传承和珍视的。

吃还是被吃，成了每一天的问题。

一 敌意的旷野

上古的人类
没有利爪没有獠牙
没有极速飞奔的腿
也没有异常灵敏的嗅觉
在充满敌意的旷野
不会得到尊重
吃还是被吃
成了每一天的问题

最初的历史在迷雾深处

一次次举起石头

拿着棍棒冲向猎物

终于生存了下来

最根本的原因就是

我们学会了团结和分享

进化到今天

却几乎忘记了团结和分享

这是否　意味着

灭绝的开始

终于生存了下来，最根本的原因就是，我们学会了团结和分享。

远离地球的日子，汉姆在想着什么，估计至今无人知晓。

一 笼子里的余生

那个叫汉姆的大猩猩
在非洲被人逮住
莫名其妙的成了
第一位宇宙征服者
远离地球的日子
在想着什么
估计至今无人知晓
看着宇宙星系

它眼睛里会流露出什么
因为没有同行人
终究成了一个谜
回来后所有机能正常
证明人类也可以遨游天空
给它的奖励
除了登上《生活》杂志封面
就是余生关在一个笼子里
好吃好喝

给它的奖励，就是余生关在一个笼子里，好吃好喝。

文明产生于聚集，文明之后的人心，却一天天散开。

一　文明的由来

顺着森林游荡

顺着河流疲惫

终于走累了

停下来聚集成了村庄

用兽骨做成针

用尖刺做成鱼叉

增加一截手柄

斧子更长

锄头和刀子更加省力

开始储藏谷物

把羊群圈入围栏

虔诚供奉保佑丰收的女神

随着时间的推移

开始尊崇打仗勇猛的男神

有了“你的”“我的”区别

每一个物品都开始有主人

包括孩子和女人

文明产生于聚集

文明之后的人心

却一天天散开

碎石一般在河道里

扔的到处都是

每一个物品都开始有主人，包括孩子和女人。

一个耕作的女人，被太阳光从身后照入体内，一个小生命诞生了。

一 阶级那玩意

初元时

一个耕作的女人

被太阳光从身后照入体内

一个小生命诞生了

帕恰卡马克神不以为然

把新生命劈的粉碎

死去的他变成了植物

牙齿变成玉米粒

骨头变成木薯
血肉变成土豆甘薯
太阳神勃然大怒
用一万度的阳光
让秘鲁的海岸线永远干枯
又在这片土地上埋了三个蛋
金色的是先生们
银色的是太太们
铜色的是那些劳作的人
金蛋银蛋里出来的人
一辈子拼命只干一件事
不准和铜色人混淆
哪怕不小心怀了孩子
也不行

金蛋银蛋里出来的人，一辈子拼命只干一件事，不准和铜色人混淆。死的那一天，仔细一看，不过也是个蛋而已。

我们是尘土　是虚无，我们所做的一切都不过是风。

一　第一串文字

伊拉克还是另一个名字时
在那里诞生了第一串文字
看上去像鸟儿的脚印
用削尖的芦苇刺在黏土上
黏土像烤红薯一样烤熟了
火起了挽救的作用
感谢火的暴躁
让我们可以看见几千年前

两河之间发生过的故事

乔治·布什也许坚信

文字创始于德克萨斯州

那些炸弹不光毁灭了肉体

还毁灭了无数用于记忆的载体

剩下的一块泥板上写了如下两句话

我们是尘土　是虚无

我们所做的一切

都不过是风

那些炸弹不光毁灭了肉体，还毁灭了无数用于记忆的载体。

人生下来第一件事，就是放声大哭，证明可以活。

一 我们是泪水做的

埃及之前

太阳是造物主

先创造了天空

放出一些翱翔的鸟儿

又创造了尼罗河

看着鱼儿欢快地游动

在黑色的岸边洒下种子
于是到处都是植物
创造了一群群动物
挨着密集植物生存
一幅幅画面打开
世界开始呼吸
太阳神坐下来欣赏
不自禁流下泪水
还缺会感知痛苦的生灵
泪水和土地混合变成泥
哈一口气
泥变成了人
人生下来第一件事
就是放声大哭
证明可以活

这个世界，还缺会感知痛苦的生灵。原来的那一批，已经退化成了兽。

第四章 九·三大阅兵组诗十首

那个时刻，举世瞩目。我记得有一句话是这样说的："凡历史关头，必有诗人"。看完大阅兵当晚，脑海里一幅幅画面，让我无法入眠。九月四日，电视上一遍遍重播着，我一遍遍定格每个瞬间。是夜，用五个小时一气呵成写就了这首《九·三大阅兵》。算是和岁月相贺吧！

一 九·三大阅兵组诗十首

（一）九月三日

公元626年的今天
李世民登基
开启了泱泱大国
伸出手欢迎全世界的大唐文化
至今全世界各个厅堂之上
我们依旧穿着唐装
在佳节时互相作揖祝福
把汉朝开启的路上丝绸之路
延伸到了天涯

把从大唐开始的海上丝绸之路
延伸到了海角
公元1839年的今天
林则徐宣布禁烟
从那一天开始
我们的骨头一天比一天坚硬
公元1945年的今天
我们用3500万的生命
用14年的时间
换来了四万万人涌上街头欢呼胜利
用最极致的方式表达喜悦
因为在那一天还活着的人
都至少有一个亲人
为了这胜利死去
公元2015年的今天
中国人民抗日战争胜利70年的今天
我们打扫干净庭院
沿街摆满鲜花
同样伸开双臂欢迎全世界的客人

来中国参加这个会议
一个缅怀历史昭示和平的会议
我们真诚善意的微笑
经得起任何镜头捕捉的微表情
去分析验证

（二）礼仪之邦

我们的邀请函是用绿叶做的
寄出去时绿叶的毛孔还在呼吸着蓝色的天
从人民英雄纪念碑铺开的红地毯
让他们静静停留在长安街的左边
从长安街的右边
弓起的桥背上是五条同样红色的地毯
仿佛用手捧着心跳让你看那里的真诚
最中央的红地毯向城楼内延伸而去
他和她微笑着和每一个贵宾握手合影
地毯两侧镶嵌的金色祥云
成了这一刻　最恰当的注解
所有主人客人都微笑着

这里还有冉冉升起的东方太阳
东方太阳升起时
地球的另一面还是黑夜
他们收到了邀请函
因为害怕自己的黑夜不敢出门
就像隔壁老张家的狗
因为害怕反而狂吠不停
还故作要扑过来的样子
当和我坚定的目光对视后
嗷的一声泄气低吠着逃了

（三）龙的承诺

我宣布中国将裁减军队员额30万
随着他厚重清澈的话音落下
电视里瞬间爆出雷鸣般的掌声
我同时听见了电视机外更加猛烈的掌声
这是人性的需要这是世界的需要
这是龙的承诺
原本站立了30万个战士的地方

不再布置警惕的眼睛

那里将种下30万棵橄榄树

橄榄树上会筑起30万个鸟巢

有一天可以清楚的听见百鸟和鸣

多出来的30万个阴凉

让炎夏路过的你我敢于抬起头看着阳光

正义必胜！和平必胜！人民必胜！

说到人民必胜时

他的拳头挥向空中

这就是结束语

这就是中国今天领袖的结束语

像龙吟

从五千年的喉咙里发出

振聋发聩

（四）龙的眼睛

那七十声礼炮

不仅仅代表七十年时间

它代表距离和誓言

从人民英雄纪念碑走到升起国旗处的距离
为了正义为了和平为了人民努力的距离
电视转播一秒钟就把礼炮声
传遍全世界每个人的耳膜
耳膜里的回音全都是他铿锵有力的发言
随着军乐团奏响《检阅号角》
那清亮的红旗车驶过金水桥
此刻长安街像一条垂直腾空的龙
龙鳞哗楞楞响着
人们争相相告东方的巨龙醒了
同志们好　同志们辛苦了
首长好　为人民服务
那佩戴国徽的红旗车竟清亮如眼眶
他就是龙的眼睛
看清楚过去现在看清楚我们的将来
此刻龙的视角在九霄之上
随着他前进转动脸庞和视线的战士
电视前千千万万的中国人
就是龙的身体　此刻龙在摆尾

表达着冲天的喜悦

表达着有了使命后的踏实

（五）我们的根

这两个方队出现的瞬间

他扶膝迅速站起

下意识用左手抚平因坐着微皱的中山装

他的眼里瞬间湿了

如沧海之上常常升起的湿气

300多名抗战老兵　英烈子女

抗战支前模范

的乘车方队来了

抗战老兵平均年龄90岁　最年长的102岁

支前模范平均年龄88岁

英烈子女平均78岁

他们只是代表

全部的他们就是我们的根

那个102岁老人一直举手行着军礼

眼里全都是战友的影子和烽火连天的回忆

他手上布满老年斑

那才是真正的年轮

另一个老人抑制不住不断擦拭泪水

胜利前一天倒下去的战友最后一句话嘱咐道

别哭好好活着替我看到胜利

他想起了他

想起了最后的这句话

（六）我们的番号永不变

跟随空中护旗方队

我们的番号将永不变

中国人民解放军三军仪仗队

中国人民解放军“狼牙山五壮士”英模部队

黄土岭战役击毙日军阿部规秀中将

五壮士为掩护战友打光所有子弹

用膝盖折断武器

从狼牙山崖顶跳下

中国人民解放军“平型关大战突击连”

平型关战役一举歼敌1000多名

打破日寇不可战胜的神话
中国人民解放军百团大战“白刃格斗英雄连”
百团大战歼敌两万余人
山西青年抗敌决死队25团8连
成了大小1824次战斗中勇猛的象征
中国人民解放军夜袭阳明堡“战斗模范连”
夜袭阳明堡战斗中用集束手榴弹　炸药包
还有血肉之躯把日军24架飞机全部炸毁
中国人民解放军“雁门关伏击战英雄连”
雁门关伏击战一举歼敌500余人
击毁军车30多辆
切断日军大同到忻口的补给线
中国人民解放军“刘老庄连”
1943年为掩护主力转移
全连82人全部壮烈牺牲
中国人民解放军“攻坚英雄连”
1945年5月宿南战役重创日寇
拉开了大反攻的序幕
中国人民解放军“东北抗联”英模部队

14年艰苦卓绝歼灭和牵制敌人几十万

中国人民解放军“华南游击队”英模部队

抗战时孤悬敌后浴血奋战

中国人民武装警察部队

前身涌现“杀敌英雄连”“战斗英雄连”

“血战磨河滩钢铁连”

这些番号下的战士曾经全部牺牲

很快又补入热血的男儿

我们的番号永不变

一百年后这名字

依旧响当当

（七）共同的使命

为了七十年前发生的不再重演

为了中国3500万　苏联2700万

为了那一场灾难所有死去的人能够瞑目

我们选择正视昨天面对今天捍卫明天

联合国秘书长来了几十个国家政要也来了

十七个国家方队和代表队站在了长安街上

阿富汗代表队　白俄罗斯军队方队　柬埔寨军队代表队

古巴革命力量方队　埃及武装力量方队

斐济军队代表队

哈萨克斯坦武装力量方队　吉尔吉斯斯坦军队方队

老挝人民代表队　墨西哥武装力量方队

蒙古国武装力量方队

巴基斯坦武装力量方队　塞尔维亚武装部队方队

塔吉克斯坦武装力量方队　瓦努阿图机动部队代表队

委内瑞拉军队代表队　俄联邦武装力量方队

十七个国家旗帜第一次同时飘扬过天安门

战争的达摩克利斯之剑依旧高悬

为了下一代能够永远微笑

是我们共同的使命

（八）钢铁之躯

想用善良感化他们

可他们只相信实力

那就看一看我们长城般的钢铁之躯吧

用轰鸣声使叵测之人不敢侧目

如李陵痛击匈奴

如戚继光痛击倭寇

25个机械化方队来了

99A式坦克方队

05A式陆战队两栖突击车方队

04A式履带步兵战车方队

03式轻型履带车空降兵方队

红箭10多用途反坦克导弹方队

05A式155毫米加榴炮方队

11式轮式装甲突击车方队

猛士防护型突击车方队

武警猛士反恐突击车方队

09式35毫米履带自行高射炮兵方队

红旗9地对空导弹第一方队

红旗12地对空导弹第二方队

红旗10导弹海红旗9B导弹方队

鹰击83K空舰导弹鹰击12A舰舰导弹方队

鹰击62A岸舰导弹方队

东风15B东风16常规导弹第一方队

东风21D常规导弹第二方队

长剑10A巡航常规导弹第三方队

东风26常规导弹核常兼备导弹方队

东风31A核导弹第一方队

东风5B核导弹第二方队

305A雷达和305B雷达组成的预警雷达方队

无人机方队

指挥信息系统装备方队　后勤保障方队

装备保障方队

白求恩医疗方队

轰隆隆的机车轰鸣证明

我们已经亮剑

此刻阿拉斯加海域五艘我们的军舰出现

人不犯我　我不犯人

人若犯我　我必犯人
曾经用小米加步枪创造的胜利
证明今天
我们可以把一切来犯之敌打入地狱
这些钢铁之躯就是我们移动的长城
战车冒出的烟
就是可以吞噬敌人的狼烟

（九）鹰击长空

我们的祖先曾经射落过九个太阳
70多年前倭寇却在我们的天上横冲直撞
今天的天空如此湛蓝
看一看谁还敢碰我的阳光碰我的空气
呐喊声砸入地下变成了汗
呼吸声随着眺望变成了云
领航机梯队来了
一架空警2000预警机　八架歼10飞机
歼10喷出的彩烟
是我们献给客人的哈达

预警指挥机梯队来了

一架空警500两架运8指挥机

四架歼10　四架歼11

我们就是顺风耳　就是千里眼

海上巡逻机梯队来了

三架运8型特种飞机　十架歼轰—7A战机

哪怕你藏进海风里也把你揪出来

轰炸机梯队来了

九架轰6K飞机组成了三个楔形梯队

让敌人只能闻风丧胆

加受油机梯队来了

一架供油6空中加油机　两架歼10

演绎了最美的空中之吻

歼击机第一梯队来了

十二架歼11B战机编组　三个四机右梯队

我们是天生的空中芭蕾舞者

歼击机第二梯队来了

十五架歼11战机编组　三机五机七机楔队

我们是鹰击长空

我们飞过的最高处连空气都无法到达

舰载机梯队来了

十五架歼15战机

我们是航母上的怒气

胆敢招惹我们大海就是他的坟场

直升机梯队来了

七十架气势恢宏

七个楔形方队一个横队

横队战机后同样喷着彩烟

那是来自喜马拉雅的善意

珍视的人才配受用

（十）白鸽如云

古有尧舜之时五礼咸备

今有泱泱中华吉事尚左

七万只白鸽如云

云雨交互流淌进七大洋

十万万彩球的瑞龙腾空

彩球分五色　分别是红黄蓝绿

还有一个湖蓝

红是热血　黄是丰收　蓝是天空　绿是庄稼

湖蓝是诗　是爱

它们飘向五大洲的上空

传递着龙的善意

一带一路如牵手过河

人类本来就应该相互帮助

白鸽的云飘来飘去

今天在我家明天到你家

一百年循环往复

第五章 尘与雪组诗二十三首

电影《尘与雪》里的第一个镜头，就让我怦然心动。甚至不忍心看下去，怕惊扰内心和那画面的共鸣。为了不被影片后面过程及结尾干扰，我看几个画面就暂停，开始唤醒内心前世的记忆，看着自己从夜空陨落，撞击后碎裂一地。身体碎裂了，意识也碎裂了，我把每个这一刻都变成了诗。62分钟22秒，感谢格里高利·考伯特用他上帝赋予的镜头，给了我们没有危险和恐惧的世界。那里所有的生灵体重都等于零，不会为了维持体重去杀戮。所有的生灵和魂灵都如尘如雪，全部的接受全部的欣赏着彼此。每个生灵的眼都如微距镜头，看着对方的身体聚着散着，飘雪一般，冰花一般，尘埃一般，相互融合抚摸体味升华着。这就是如来世界。

从影片开始到1分37秒的感触。

一 尘与雪组诗一·羽化火

顺着生命的河流

去寻找远古的极光

在大海的子宫里

静静的漂流

那是转世之前的静谧

背靠祖先的基因

暂时托住没有影子的身体
顺着恒河飘啊飘
印度教里的神兽
迎面浮出水面
那巨大的神象
从我的侧身划过
被它们影子覆盖的瞬间
我不知道该不该
随它们而去
视觉已经不需要用眼睛
微微紧闭的双眼
只是为了隐藏
茫然

在大海的子宫里，静静的漂流。

从影片1分38秒到5分18秒给我的感触。

一 尘与雪组诗二·火与光

在蔚蓝色的大海深处

那里没有一点声音

我的鱼鳍返祖

长成了一对耳朵

伸开双臂

渴望第一次的温暖

对面有一束属于我的光

眼睛还没有学着睁开

像九歌里的山鬼

躲避是因为

上辈子受过的伤害

她推开了我

在受精之前

我们就携带了

很久很久以前的记忆

那些蓝色的水

使我们相吸胶着

终于跌入

成千上万的泡沫里

那是一头五十五吨的抹香鲸

呼吸时掀起的水花

它来自五千万年以前

是我们惊动了它

因为我们只是

初来乍到

在受精之前，我们就携带了，很久很久以前的记忆。

从影片5分19秒到8分10秒给我的感触。

一　尘与雪组诗三·光与血

抹香鲸挡住了

所有给我幻觉的光

在它的身体表面

形成了一张光网

仿佛必须穿越的时光隧道

我试着去做它的鱼鳞

睡在它的腹下
随着它的翻转
终于让我靠近了
光线本身
最后一次静静的倾听
抹香鲸的心跳
也许我们就是一体的
在基因的路上
交错相连
它轻轻一推
我的身体胸口朝上
完成了轮回前一切准备
一大片光晕迎接着我
仿佛自己被吸了出去
人生第一次睁开双眼
这就是要去面对的世界
第一次用肺而不是腮呼吸
身体周围的水
形成了蓝色的水圈

我从大海的子宫里出来了

晕倒在岸边

海岸线仿佛脐带

紧张的等待我的哭声

等待着岁月的剪刀

把它剪断

也许我们就是一体的，在基因的路上，交错相连。

从影片8分11秒到9分49秒给我的感触。

一 尘与雪组诗四·光与缘

神象慈祥的看着

不肯醒来的小男孩

因为只要发出

第一声哭泣

就要开始另一次生命之旅

如同走进沙漠里的三毛

就躲在光的后面

微笑着轮回成了一个小女孩

轻轻的把我揽在怀里

用清澈的水浇灌脖颈

试图让我用光合作用

唤醒自己

巨象用鼻子卷起一汪水

泪一样撒向我的头顶

仿佛此刻它就是观世音

它侧躺下来

把小男孩放在心脏的位置

也许心跳的共鸣

就是心连着心

曾经孩子们穿过了

用象鼻和前腿建造的一座门

那是一座梦想之门

一点点开启我

恍惚间灵魂和身体都飘走了

被安放在罗马神殿上

那个位置曾经是神柱的最中心

此刻另一头神象向我走来

它的背后萦绕着一大片

耶稣光

它侧躺下来，把小男孩放在心脏的位置，也许心跳的共鸣，就是心连着心。

从影片9分50秒到12分06秒给我的感触。

一 尘与雪组诗五·呼唤

两头神象始终用象鼻

组成一道门

在我走过时

轻轻为我让路

上辈子的母亲

嘱咐了许多许多

我闭上双眼静静的聆听
也许只有皈依了才会醒来
那个抱着我的人是不是耶稣
已经不再重要
因为在我醒来之前
就已经被剃度
沿着那条蓝色的水
走向天堂
穿着红衣袈裟一个人走着
微闭双眼也知道怎么拐弯
我只是一个老灵魂
被装进了孩子的身体
他不是我
我却缘于他
象鼻指引的方向
和我的目光重叠
我终于有了影子
可以被阳光拿起放下
远处的寺庙里有一座白塔

那里是我的开始

也是我的坟墓

至于我是否会变成舍利子

谁也不知道

他不是我，我却缘于他。

从影片12分07秒到13分14秒给我的感触。

一 尘与雪组诗六·回忆

神象的足迹

我不敢踏上去

站在它厚实的影子里

看着它沿着天门山一样的洞天

消失在光晕里

后面真的有二十八重天吗

那个洞开的岁月

微微驼了背

我所有的记忆都开始气喘吁吁

那个洞开的地方是我的瞳孔

里面除了光就是迷茫

一千次睁开眼

又一万次的闭上

哪里可以找到

神象足印里踏过的无相

走上辩经台

轻轻的坐下来闭眼内视

能够看见的只是

反反复复的死去

脉搏到了临界点

天上的苍鹰围着我转了十八圈

台阶上的雪只剩下一点点

仓央嘉措的足印

都被云捧着放在了天上
仰视时可以看见
莲花朵朵

能够看见的只是，反反复复的死去。

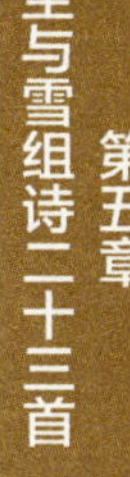

从影片13分15秒到14分32秒给我的感触。

一 尘与雪组诗七·飞翔

静静的闭目内视

苍鹰和我合二为一

背后准备飞翔的双翅

扇来一千年前的老风

风里的味道那么熟悉

仿佛怀里还抱着自刎的虞姬

怏怏回到今生怏怏回到此刻
数一数翅膀上七十二根羽毛
仿佛是诸葛亮的鹅毛扇
拆解后一根根赋予了灵气
每一根羽毛都来自十六地
在我心思微动时
心跳慢慢恢复
那只苍鹰飞走了
我和它前世的承诺是
当我没有心跳时它来陪着我
只剩下一个海螺跪在我的面前
还有一千朵浪花在内心起起伏伏
像海螺一样掏空自己
是否可以忘记人间七苦
才能够再一次普度众生
白塔的最上面
弟子们逆时针转了三圈
而我背对着白塔站在下面不知所措
因为白塔里有一具尸骸就是我

我不知道该不该膜拜自己

白塔头顶的杂草像一头乱发

已经一万年无人梳理

弟子们回到掏空的庙堂内

顺着我的身体逆向

去向佛祖的金身叩拜

修正自己慌乱的信仰

苍鹰逆时针飞去迎接往生的我

他顺时针跑来就是为了和我合体

背对着菩萨的金身

我闭目诵出般若波罗蜜心经

此刻的我和菩萨的脸朝着同一个方向

姿态也一模一样

因为白塔里有一具尸骸就是我，我不知道该不该膜拜自己。

从影片14分33秒到17分30秒给我的感触。

一 尘与雪组诗八·火化血

白塔的乳头

哺育着万千气象

神象如金童玉女

像过去一样跪在主人的两侧

借来鹰的双眼

让我看清楚九重天之外的祥云
在天门的临界点轻轻诵读金刚经
站在来的地方
面朝去的地方
涅槃之前必须清洗那些不舍的记忆
在记忆里放一把火
让神象跟随我的空灵去一个不知处
烧成灰烬的记忆变成了浓浓的血
最近四次的往生都在睡着的大象身边
它微曲的后腿和卷起的鼻子像一个摇篮
又如同一个向内的月牙
却发出了太阳光的温暖
第一个往生我是纳格索斯
看了一眼自己的脸就变成了水仙花
第二个往生我是娥皇女英
躺在刺球果松做的木舟之上
让不灭的天灯给我指引方向
去寻找溺亡在湘江里的身体

木船像一把折断的剑
沿着阻挡的水流一路刺杀下去
第三个往生我是女娲
睡在神象两个前腿组成的臂弯里
掉下来的那块陨石变成了德勒斯坦
反射出深蓝色的光芒把我唤醒
第四个往生我是童年的释迦摩尼
对着睡着的神象从喉间诵出无量梵音
这个时候神象一个个醒来
只有娥皇女英还静谧的睡在水中
纳格索斯捧起一汪水
水里全都是他喜欢的自己
神象托起女娲
大海托起四头巨象
它们像四根神柱支撑着天地
童年的释迦摩尼坐在神象的背上
仿佛一直在追寻水蓝色的梦想
他躺在水面上闭目冥思苦想

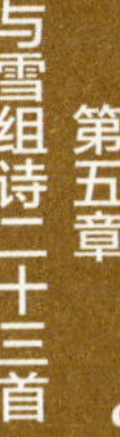

一个脸在水的上面一个脸在水的背面

一半内心看着天地万物

一半内心看着自己

站在来的地方，面朝去的地方。

从影片17分31秒到19分04秒给我的感触。

一 尘与雪组诗九·血化骨

四头巨象变成

四个十六岁的印度少女

依次拉着手

把我拉到了陆地

在尼泊尔一侧的喜马拉雅山腰

左手捂住胸右手搭在她的右肩上

缓缓抬起头看一眼缺氧的阳光
那么耀眼那么清亮
彼此在对方的意识深处用心跳交流
刚刚从腮进化的肺
已经可以承受更多更多
那只大鹏飞过
阿贾克斯王国遗址的土墙
看一眼海伦是否已经复活
冥想时听见了划水的声音
那艘刺球果松做的木船刚刚好
从站立在水里的巨象腹下划过
划过后船上多了两朵纯白的莲花
在不灭的天灯旁边纯洁馨香
娥皇女英木偶一样站立起来
时间的水一圈圈让开路
小舟像个赶尸人
把娥皇女英带回溺亡前的时光
把自己也一起带回过去
过去漆黑一片

在离水面一寸的地方
纳格索斯仰躺着漂浮过来
我知道他早已没了呼吸
像那个能够占卜胜负章鱼的魂魄
伸开四肢让水随意拨弄它的身体
阿贾克斯王国城墙的台阶上
海伦双手各拿一把点燃的秸秆
她在引领国殇里的断头战士
走到城墙的最上面
终于可以看一眼远处的家乡
海伦是在忏悔吗
因为自己引起的战争
此刻让她呼吸凝重

时间的水一圈圈让开路，小舟像个赶尸人，把娥皇女英带回溺亡前的时光。

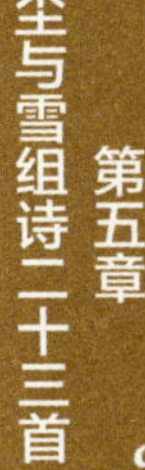

从影片19分05秒到23分16秒给我的感触。

一 尘与雪组诗十·顿悟

忘字就是让心死去

这样才能了生死度苦厄

才能达到般若的境界

如同流沙河上看见自己的尸体

漂浮在自己静静的目光里

她捧着他的尸体

从水流里走出
放在那一块巨大的陨石上
每一亿年会掉下来一颗
在陨石上点燃四把天火
天火燃烧的样子像四只飞翔的白鸽
神象幻化的三个少女抚摸着巨石
顺时针默默转动身体
等待他的忘却等待他的重生
阿贾克斯王国的城墙上
海伦手里的火熄灭了
她旋转着试图点燃自己
巨大的陨石后面是一片密密的椰树林
他仿佛醒来了看着自己侧卧在木船上
返回过去的记忆
如果一切都没有发生
那么会不会有一切
木船划出跪着的两头神象中间
走回最开始的地方
仿佛凡人的回光返照

依旧在来时的木船上背靠一个人
这个人就是我所有的前世
此刻变成了我的影子让我依靠着
冥想所有的过去和所有的将来
木船像上一次一样和另外两头神象
相向而行
它们的影子又一次覆盖我的身体时
我突然明白了一切
这个世界不就是一个影子吗
我们最大的执迷就是时间空间
为什么一定要按照时间的顺序
为什么一定要按照空间的远近
来决定过去和将来
我要参透时间空间
冥想的世界里
只有水　影子　前世　和耶稣光
其他的都是幻觉
想明白这一切后
我的木船竟然可以在任意时间来回

也可以任意的返回上一秒的空间
我坐在大海的中央
脸上迎接我想要的那束光
背后五头巨象也站了起来
和我仿佛形成了一把打开的扇子
轻轻扇动　宇宙真正的开始了
蓝色的大海像一朵巨大的莲花
水面上闭目冥想的我
才是这个世界的混元

我突然明白了一切，这个世界不就是一个影子吗，我们最大的执迷就是时间空间。

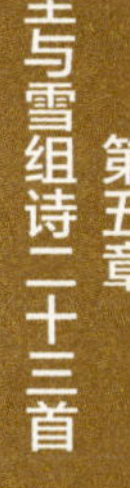
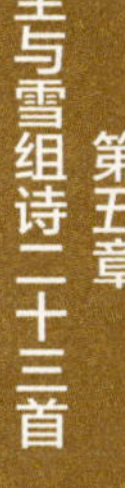

从影片23分17秒到25分14秒给我的感触。

一 尘与雪组诗十一·迷惑

海伦把那颗奥维多珍珠

放在腹部揉搓旋转

仿佛珍珠正从腹中分娩

珍珠所经历磨砺的全过程

我们是否愿意一样的去承受

还是一半时就草草放弃
她旋转进两米厚的土夯实的城楼里
墙面上抹了厚厚的糍粑
让里面冬暖夏凉
墙面上写满了战士出发前的留言
马其顿战争后许多留言变成了遗言
今天所有的留言都变成了遗言
我和自己的影子
一个坐在船头一个坐在船尾
五头神象面朝西方
顶住了即将塌下来的天空
木船自动调转了方向
让我面朝了南方
南方有许多断裂的时间
等待我一点点拾起放进脑海里
空白的时间像一场厚厚的雪
我们的经历如同踏上去留下的脚印
有了脚印这些时间才开始属于我

可为什么要某一段时间一定要属于我
又为什么每一段走过的时间
都一定要留下烙印呢
什么是必须经历的什么是必须放弃的
如同我放弃了王子的生活
船开始向有光的方向划去
两头巨象轻轻给我让开路
我背对东方冥思苦想
奥维多珍珠在我的手心里　开始释放出微光
海伦在城墙上跳起了祭祀的傩舞
左手里的那根树枝像一根指挥棒
指挥着天上的苍鹰向着死魂灵的方向飞去
鹰的影子在城楼上划过一条断断续续的线
像一本打开正在演奏的乐谱
我捧着自己死去的身体
赤脚踩在冻土上
希望过去的自己早一天变成影子
无论是否出太阳都忠实的跟随自己

娥皇女英也走出了湘江
向着那头神圣的巨象走去
巨象站在喜马拉雅山脉上
尾巴朝着山巅
身体朝着山下俯视着跑向它的五个少女
我侧卧睡在冻土上
让这一刻不留下任何痕迹
经历后我们都回到船上
安安静静依次侧躺着睡去
让梦把白天经历的一切轻轻冲刷
梦里她拿着一根羽毛
轻轻划过我闭目的脸颊
难道所有的经历所有的记忆
所有想刻意留下来的一切
不就是一根羽毛吗
从前在鹰的翅膀上　是用来飞翔的
此刻拿在手里
变成一次次的执迷

不能飞翔了

同时也不能

再承受风雨了

> 我和自己的影子，一个坐在船头，一个坐在船尾。

从影片25分15秒到27分16秒给我的感触。

一 尘与雪组诗十二·骨化髓

庞培古城的每一个毛孔里
都是冷却的岩浆
还有每一个惊恐的人们
骨髓里一样灌满了冷却的岩浆
所有的人都变成了化石

包括那一匹奔跑中的马

还原的阿波罗神殿屹立在太阳的正下方

没有什么是可以永恒的

只有庞培古城里的死亡瞬间可以永恒

海伦沿着两排巨型圆柱惊恐的走着

她看见了永恒的死亡后面的魂魄

神殿里的圆柱像战象披着铠甲的巨腿

每一个毛孔都咋开准备去嗜血

太阳光横穿所有的圆柱空隙

每两根对视的圆柱空间里

依次形成斑马线一样的阴影

透过光线的地方光亮温暖

一共有二十八对阴影

每一对阴影里有一百个被岩浆吞噬的灵魂

海伦回头看见了什么

一个小女孩紧紧抱着母亲的膝盖掩面大哭

一个拿着一袋硬币的乞丐茫然的站在街口

有些人正在墙角拼命挖洞寻找逃生之路

一群被铁链锁住的角斗士痛苦的挣扎着
还有一些人手里拿着一袋子金币
眼睛里却全都是绝望
火山喷发的瞬间允许在金币和生命之间选择吗
我是斗熊者菲利克斯
我是索菲亚的未婚夫卡洛返回古城去拿止血石
所有的这一切所有的这一刻都无情的凝固了
海伦在我耳边轻轻嘱咐让我忘记前世的一切
我跪在一块曾经用来摆放祭品的石头上
赤裸裸的跪下面朝庞培古城的方向
内心的揪痛让我不得不捂住胸口
把手指的第二个骨节紧紧顶在心口的位置
那只鹰一千零一次飞入圆柱形成的廊道
展开的双翅刚好和左右圆柱的距离只差一寸
胸脯飞翔时离那些斑马阴影也只差一寸
让阴影里的死魂灵拼命抚摸它的羽毛

两千八百个瞬间死去的人们

伸出手想抓回什么

把生命还给我吧

下一次我一定好好活着

鹰取下翅膀上最长的两根羽毛交予海伦手里

让我们共同跳一曲安魂舞吧

让云中君给我们引路

用肩胛　手肘　腰肢　膝盖　脚裸

用骨头上所有打结的地方为轴旋转旋转旋转

一直旋转到那块罗塞塔石碑面前

上面刻了上古埃及的圣书体世俗体还有古

希腊文

都开始释放文字里的魔咒

那只鹰飞出圆柱围起来的廊道

差一点扑倒复活的菲利克斯

海伦跟随着鹰的影子来到了城楼最上面

看见卡洛用羽毛笔记录那次经历的每一个

细节

在第九阶台阶上放置着莎草纸的手卷
被不知名的风一页页翻动着
那是二千八百个阴魂路过时
煽起的阴风

没有什么是可以永恒的，只有庞培古城里的死亡瞬间可以永恒。

从影片27分17秒到28分17秒给我的感触。

一 尘与雪组诗十三·飞天

她跪在撒哈拉沙漠的胸口

把左手轻轻抓起的一把黄沙松开

用右手轻轻接住了三分之一

这沙粒是沙漠的一次次心跳

美丽的沙漠之花啊

永远不会在楼兰古城的上空凋谢

不知道沙化的土地
代表是过去 是现在 还是将来
为什么迎着沙粒她依旧可以睁开眼
她扬沙接沙的两只手做着的姿态
仿佛飞天的少女
她就是三毛
变成了撒哈拉之魂
三头金钱豹趴在她的对面
头朝着不同的方向
太阳光穿过风扬起的沙子
远看好似雾气蒙蒙
我的身体仿佛一个沙漏
身体里体液的占比
竟然和大海占地表的比例一模一样
我的心事难道和宇宙的心事也一模一样
沙漏里流淌的是我一天天衰竭的热情
三头金钱豹的身上有三千个斑点
那是敦煌的三千个洞窟
里面装满了飞天的幻觉

一排排密密麻麻
构成了我忧伤的大脑
压在睡姿下面的除了自己的影子
就是自己的不舍
寒冷的沙漠啊一样的有涛声
多少艘骷髅船
只因为在白天透支了热情
脸皮比长了一千年的老树还褶皱的祖奶奶
在我耳边轻轻的嘱咐
我闭目倾听耳语里传来的蓝色基因
祖奶奶曾经是一条鱼
我在一块化石里见过她
一头金钱豹走过来挡住嘴唇到耳朵之间的风
防止因为风向变化
使得耳语里的传承发生变异
另一头金钱豹蹲着路口茫然的看着天边
我忽然发现它不过是一把可怜的芨芨草
在矮山西面一千米的地方
有一棵一万年不死的神树

一万年没有人给它浇过一滴水
树枝血管一样伸向四面八方
却没有一片叶子可以让它留恋
在矮山和神树的中央背对着　站着吴刚
他的影子和神树的影子连成了一条锋利的
直线
迎面有十个炙热的太阳
他在思考射落哪九个留下哪一个
才能刚好看见月宫里的海伦
她飞天的姿势真的好美好美
可飞天的结果却是
永恒的别离

身体里体液的占比，竟然和大海占地表的比例一模一样，我的心事难道和宇宙的心事也一模一样。

从影片28分18秒到29分49秒给我的感触。

一 尘与雪组诗十四·怒海

在四十五度的城楼中部

海伦轻轻蹲下来合上了那本天书

仿佛合上了死去却不想闭眼战士的眼睛

眼睛外面有一个家乡

那里有他牵挂的怀了身孕的妻子

七只仙鹤从海伦身侧跳跃跑过
一点都不掩饰头顶的血迹
七只仙鹤代表七个星期
地上每一年有三百六十五天
可是月宫里每一年只有七个星期
可却更加的漫长
城墙最高处拱形的城楼洞里
是唯一可以让我出去的地方
那是我的心门
此刻却掌握在魔鬼的手里
如同身体的七个豁口
可以出去也可以漏进些什么
耳朵让声音漏进来
一双眼睛可以让梵高的能量漏进来
两个鼻孔让昨夜的昙花余香漏进来
嘴巴让雪域的传说漏进来
舌头用来蘸一滴唾沫
翻开一本本扭曲的史书

他从城楼的豁口处飘进来

天空突然变得黯淡无光

仿佛日全食发生时被吞进嘴里

他是她潜意识里

深深爱着又深深恨着的那个人

内心的怒海里开始翻滚地狱之火

像岩浆一样摧毁相遇的一切

包括那座庞培古城

我也马上快窒息了

三头抹香鲸共计一百九十六吨的体重

为了生存不得不飞起来

火苗点燃了它们腹下的鱼鳞

我闻到一股无奈的糊味

潜意识里我和她变得像纸一样薄

变得和流水一样不稳定

那些记忆里的污垢

仿佛一层漂浮在水面的油污

我的身体仿佛被油污窒息的死鱼

还有那片拼命晃动的怪树林　里面阴风阵阵
甚至可以听见地狱里鬼哭狼嚎的呐喊声
我走近一棵熟悉的老树跟前
上面刻着上辈子童年时的名字
左耳贴近树皮右耳用手轻轻掩住
是否可以听见那个喜欢的小姑娘的说话声
她有一个转世在雪天卖过火柴
那一次真的没有一个人买过一根火柴
一朵朵血红色的死亡之花
花朵的名字叫彼岸花又叫曼珠沙华
九千万朵铺满了海面
把我簇拥在花朵的最中央
花朵和我一起随着浪花起起伏伏
我手中点燃的红烛是虞姬的裸体
随着抹香鲸坠入海里卷起的巨浪
她消失的无影无踪
海面只剩下一大片一大片凌乱的曼珠沙华

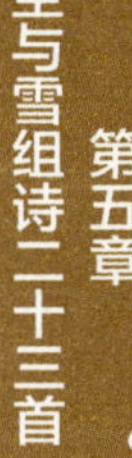

不知道唤醒了

哪个灵魂的生前记忆

一朵朵血红色的死亡之花，花朵的名字叫彼岸花又叫曼珠沙华，九千万朵铺满了海面。

从影片29分50秒到30分29秒给我的感触。

一 尘与雪组诗十五·火种

折下一根长长的茴香枝

在燃烧着熊熊烈火的太阳车经过时

普罗米修斯把茴香枝送进车轮的轨迹里

火种终于到了人间

捧一口水里的光喝下去

以前到了夜晚它就是全部的希望

手里的茴香枝只剩下一点点
他准备去高加索山接受宙斯的惩罚
用一根永远无法挣脱的铁链
紧紧勒住手臂双腿还有突出的喉结
普罗米修斯没有了头颅
头颅被砍下扔进了尼罗河里
每一天三分之一的河水经过他的嘴
他的脖颈和高加索最高的岩壁平齐
还有一根金刚石的钉子深深扎在他心脏的
位置
穿过心脏深深扎进山崖里
山崖岩壁上留下的那一副上古的奔牛图
就是普罗米修斯渗出的血留下的印记
宙斯的鹰每一天都过来啄食他的肝脏
太阳落下去之前肝脏被吃的干干净净
夜晚看着自己用尼罗河边的泥捏出来的人类
拿着自己撒下的火种互相扶持着
沿着河流寻找自己
身体下的水此刻充满温暖

他欣慰的笑了

肝脏在天亮之前又完好的长出来

三十年后他已经忘记了这一切

从铺满血红色的曼珠沙华的海面轻轻浮起来

那是因为刚刚在尼罗河里找回了自己的头颅

重新安装在凸凹不平的脖颈上

闭上双眼大声的呐喊

原来呼吸的空气都只能通过胸口的起伏实现

大声的呐喊吐出胸中一万朵云

再一次把左耳贴近那棵长了一万年的刺球果松

用右手捂住右耳我要听一听失去了三十年的心跳

是不是还完好的藏在树洞里

那个拿着火种的小男孩被海水里曼珠沙华簇拥着

火种凤凰一样一只只飞走

飞到天上把黄昏里的云烧灼成了血色

烧毁所有潘多拉盒子放出的灾难吧

同时烧了潘多拉打开瞬间
不幸死去的所有肉体
看着浓浓黑烟把肉体重新变成泥土
也许下一次见面只能在梦里了
每个人在创造出来时都被分成两半
一半在水里一半在水上
一半在太阳下一半在影子里
那头麋鹿扑向我虔诚跪拜的身体
瞬间消失在我的身体内
人类也是由一半兽性一半神的灵性合成
我们有狮子的勇猛狗的忠诚
马的勤劳鹰的远见熊的强壮鸽子的温顺
还有狐狸的狡猾兔子的胆怯和狼的贪婪
兽性每时每刻都在统治着我的身体
而灵性只有静静的闭目良久后才会出现
尼罗河东岸的卢克索神庙里
三千个神柱全都被拦腰锯断
仿佛刚刚经历了一场角斗士的决斗
那个失败的角斗士一点点跪进自己的影子里

看着自己的血一滴滴流淌干净

那只宙斯的鹰嗅着血腥的气味飞过神庙

轮回的普罗米修斯静静走入神殿

海伦从对面走过来

他背对罗塞塔石碑跪下完整的身体

海伦把那件放置了三千年的白色袈裟轻轻的

轻轻的披在他的身体上

轻轻系住前胸的绳子

让无数的阴风不再直接吹进他的胸膛里

那个位置曾经被金刚石的钉子

扎入的太深太深

现在每当天气阴寒时

时不时还会隐隐作痛

兽性每时每刻都在统治着我的身体，而灵性只有静静的闭目良久后才会出现。

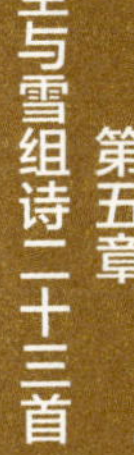

从影片30分30秒到31分37秒给我的感触。

一 尘与雪组诗十六·沙化的时间

太阳垂直头顶时

我的影子刚好被踩在脚印里

脚印里的影子像问号的那个点

茫然的身体像问号的那个弯钩

弯钩如月

给我的全都是残缺

一辈子不停地问　我是谁
扬起的沙子成了沙化的时间
一点点从肉体的罐子里被吹走
这个罐子不需要断代
盘腿冥想的我
和迎着太阳跳着傩舞的我
都会变成这一刻的真实
或者下一刻的记忆
记忆的敦煌里时间都去了哪里
是不是每一个瞬间都在飞天
采撷记忆里的奥维多珍珠
跪在烈日下的沙漠中一遍遍揉搓
把沙漠的炙热和光华吸附进来
在漆黑的夜晚给迷路的灵魂指路
可到了最后才明白
怎么走都逃不出死亡
我躺在沙漠的怀里
看着沙粒一粒粒从身体里流失
在死亡的最后一秒

十八头豺狼静静的靠近我
它们将会带走我所有恐惧
我像芨芨草一样把下半身扎进沙丘里
也许沙子的最深处会有一点点水
十七头豺狼走了带走了我的肉体
只剩下一头幼崽趴在我的灵魂里
看着最后的夕阳坠落在沙漠尽头
沙漠像一面镜子
我在镜子面前不敢睁开双眼
睁开双眼会看见自己是一艘骷髅船
在凝固的时间里拼命划桨
却怎么也看不见水中的倒影
如彼岸花　花叶生生两不见
海伦睡下了
她已经记不清是三毛轮回成了她
还是她轮回成了三毛
只有那只金钱豹守在她的睡姿旁
看着她的梦从身体里飘浮出来
飘浮进太阳的耀斑里

那是经过奈何桥时

她最后的独舞

扬起的沙子成了沙化的时间，一点点从肉体的罐子里被吹走。

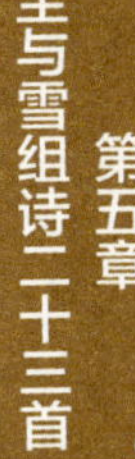
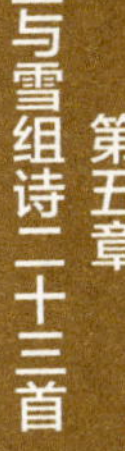

从影片31分38秒到32分38秒给我的感触。

一 尘与雪组诗十七·诺亚方舟

五头神像支撑的天地坍塌了

人们的原罪毁灭了自己

海洋的泉源全部裂开

巨大的水柱冲到了天上

又变成乌云顺着天的裂缝泼洒下来

持续四十天

巨浪超过了最高的山峰
只有抹了松香的诺亚方舟里
还剩下生命的种子
长300肘尺宽50肘尺高30肘尺的方舟
今天镶嵌在厄尔布尔士山脉
已经变成了化石
但那一天我坐在船头
我的影子坐在船尾感受了真正的毁灭
乌云里透进来的光成了全部的希望
还有那只衔来橄榄枝的白鸽告诉我
把时间碾碎了会变成空间
只是人类的贪婪
只学会把空间碾碎然后去夺取别人的时间
大海的水自西向东流淌
我的小舟却自北朝南的移动着
诺亚方舟漂浮到了恒河之上
原来水下有无数个灵魂在扶舟前行
放弃肉体里的原罪重新轮回吧
萎靡的神象中只有一头硬生生的站立了起来

一亿年以后它变成了喜马拉雅山脉

我们到底是在不断地走向未来

还是在不断地走回过去

诺亚方舟成了最后的记忆

哪怕是喝完孟婆汤后

都永远不敢忘记

我们到底是在不断地走向未来，还是在不断地走回过去。

从影片32分39秒到36分17秒给我的感触。

一 尘与雪组诗十八·水妖

莱茵河的水底像扩散的瞳孔
扩散前的半秒钟
看见水面上的一切都无比的醇美
那个充满怨恨的金发姑娘从山崖跳进海底
用塞壬的歌声发泄怨气
在水里她化身纳格索斯

围着自己的影子妙曼的舞蹈

出了水面她就坐在罗蕾莱礁石上

用金色的木梳梳理自己金色的长发

长发一半在身边一半在海水里

海水里的发丝蛇一样吐出红信

她开始从嘴里送出销魂的歌声

路过的水手眼前产生了幻觉

船只撞在礁石上粉身碎骨

粉身碎骨的瞬间水手的脸上还陶醉的笑着

那一次音乐之神阿波罗的儿子奥尔菲斯

带领两艘船经过蓬托斯海

遇见两块移动的礁石也同样被歌声诱惑

一样的触礁身亡

大海就是太阳神流出的一滴泪水

每一天用日出的薄纱试图擦拭干净

可泪水一刻不停地流淌着

向着东方流去期望有一天回到太阳神的眼眶里

奥尔菲斯在水底的魂魄变成了一头巨象

它用自己的象牙轻轻托起纳格索斯
一起去接近水面一起去接近微光
它相信只要走出大海
就可以摆脱那首曲子的诅咒
然后复活回到自己的船上
大象呼吸时吐出一万个水泡
纳格索斯只有呼吸水泡里的氧气才能存活
他寄生在巨象的鼻息旁边
随着巨象的步伐一起试图走出海洋
这一走就是一千年
他和它的脚印多少次重叠在一起
数也数不清
水中的脚印一次次被冲刷干净
有一些脚印变成了化石
有一些脚印变成了蓝色基因传承
有一些脚印变成了大雁写的一封信
寄给一万年以后出生的人们
更多的脚印变成了鱼鳞
一片片长进鱼的肉里

又一片片被从肉里拔出来
这一切都发生在神秘的水下
水面上的人们什么也看不见
只有微风经过时水面上起的波纹
像思考者的抬头纹

更多的脚印变成了鱼鳞，一片片长进鱼的肉里，又一片片被从肉里拔了出来。

从影片36分18秒到42分56秒给我的感触。

一 尘与雪组诗十九·水中文字

娥皇躺在侧卧的巨象两腿之间

浅滩上的水波轻轻抚摸着她的呼吸

等待她苏醒时第一声轻叹

水中的光影交织成了一张网

顺着时光之网漏进去的是脚印

漏出来的依旧是脚印

先苏醒的女英把她拖到沙滩上
用湿漉漉的手抚摸她的眼睛她的眉心
离她一尺的地方光影罩住了一对巨象的足印
仿佛一对印章铭刻在水的内心
此刻的浅滩像一个舞台
等待她们从冬眠里苏醒然后开始舞蹈
在巨象的足尖里　在巨象的眼睛里舞蹈
她弓着的身体像一段没有写完的甲骨文
已经被扔向空中
只有落下来才知道占卜的结果
水中的波澜来自湘江的记忆
水波一次次靠近准备扑灭我骨头里的火焰
远处响起《九韶》里的乐曲
太阳光成了一排排崭新的编钟
站在前面的三头巨象仿佛成了
拿着七弦琴的舞蹈之神脱西库
仿佛成了手执笛子的音乐之神伏脱卜
仿佛成了手拿一只琴的抒情诗之神爱来图
在蓝色的水里

那些颤抖的水纹那些颤抖的光影就是天堂的乐谱
这里没有危险也没有恐惧
娥皇女英在巨象的两腿之间
在巨象的身躯上在它的鼻翼里
唱着九歌婀娜起舞
用舞蹈点燃了身体里的每一个细胞
可是眼睛却陶醉的一直微闭
让掀起的水流和扭动的身姿一起在灵魂里颤抖吧
我们的舞姿如同在水中造字
用双手捧起流水的宣纸
今天我就是仓颉我就是屈原我就是龟背上的甲骨文
双手扶着其中两头巨象的鼻子
让巨象走动时溅起的水花落在我的脸颊上
让湿漉漉的头发在溅起的水花里
在两只手捧起洒落的水花里酩酊大醉
在水花里一会变直一会弯曲

我不在汨罗江的源头

我不在恒河的源头

我不在尼罗河的源头

我在灵魂的海洋里一万遍傩舞只为造一个字

那就是爱

爱的一万种写法爱的一万种发音

一千头巨象在水中也开始舞动

它们抚摸着对方的身体

用鼻子卷起水花互相交换洒在彼此的身体上

水里有一只泰坦尼克号做的狼毫

写下了一万米高的钱塘江巨潮

有了这个字

人世间所有其它的字

瞬间变得多余

我们的舞姿如同在水中造字，用双手捧起流水的宣纸，今天我就是仓颉我就是屈原我就是龟背上的甲骨文。

从影片42分57秒到48分52秒给我的感触。

一　尘与雪组诗二十·髓化尘

勃起的沙丘上

静静坐着一个老妪

她脸上的褶皱

已经密集的可以折射太阳光

她是艾西里斯的转世

茫然的看着快要落山的太阳

她的背影旁背对着趴伏三只金钱豹

它们的身体微微陷进沙子里

陷进去的地方是回忆吗

三只金钱豹是过去现在和将来的化身

每只金钱豹的身体上都长了十四个斑块

那一次艾西里斯被装进箱子里加了锁扔进

尼罗河

晚上找回的尸体又被赛特偷走大卸十四块

被分散埋在古埃及沙漠的各个角落

许多年以后他儿子替他报了仇

最后才找回了尸块拼凑成干尸

干尸被放在金字塔里

骨头里的骨髓却不知去了哪里

那些尸块充满了黑暗的怒火

一块块长在金钱豹的肉里

可以用接近每秒200米的速度扑向猎物

代表现在的那只金钱豹忧伤的

看着一望无际的沙漠

沙漠里一个接着一个的沙丘数一数一共

108个
老妪坐在高146.59米的一个沙丘上
轻轻拂去表面的细沙
原来是艾西里斯的后人胡夫法老的墓穴
墓穴的底部是一个正方形
每一个边都有230米
这个墓穴由230万块巨石堆砌而成
每一块巨石从1.5吨到160吨
严丝合缝的程度甚至无法放进去一张薄纸
另一个沙丘的缓坡上海伦盘坐着
那三只金钱豹竖起身子紧紧靠着她的后背
她和三只豹子四对眼睛
这个时候可以看见四个不同的方向
海伦啊此刻不知道你是哪一位法老的化身
那只代表过去的金钱豹向老妪盘坐的沙丘
走去
老妪此刻像一尊庙里的泥胎
如果现在下一场雨
她的身体立刻会变成稀泥

可沙漠里已经一万年没有雨水了

海伦抱着一个十岁的少年

这个少年来自三百年以后

他双手抱胸俯下身子

静静的闭目倾听来自沙子里的哭喊声

他跪伏在地上把耳朵贴在老妪的膝盖上

倾听那些骨髓里的故事怎样被肢解撕裂

那只代表未来的豹子轻轻跨过他的身体

后足里带起的细沙很快被风吹得不知去向

逆光里他站在高高的树杈上

像羚羊角般的树杈上　已经一百年没有叶子

此刻的他仿佛是树上唯一的一片绿叶

他站在树的最高处眺望着无边的沙漠

唯一想做的事情就是落叶归根

妈妈和奶奶的叮嘱被风吹来吹去

叮嘱时吐出的哈气成了沙漠里唯一的水源

他　海伦　老妪　双手抱胸依次跪坐在三个沙丘上

从侧面看过去如同三尊狮身人面像

天黑之后那只山猫复活了
从地缝里钻出来寻找沙漠里渴死的尸体
一百零八座法老的墓穴啊
一百零八座金字塔
不知道是沙子勃起时产生的欲望
还是一百零八个准备哺乳的乳头
谁能够说清楚
也许只有我们自己的骨髓也化作灰尘时
风才可以告诉我们真正的答案

干尸被放在金字塔里，骨头里的骨髓却不知去了哪里。

从影片48分53秒到50分08秒给我的感受。

一　尘与雪组诗二十一·延续的潘多拉

扬起的沙子像水蒸气

可夜晚的沙漠却如此寒冷

让我不得不躲进敦煌的洞穴里

学着逃避和忘记死过的经历

金钱豹靠近我然后又走开

走向沙丘顶部

被风吹得向西弯曲的芨芨草旁

面朝即将落下去的太阳

老妪金钱豹沙丘以及芨芨草

所有的物体都呈现一侧光亮一侧暗淡

仿佛身体有了分界线

一侧是恐惧和死亡一侧是光明和希望

海伦跪在沙子里双手缓缓的开始舞动

对面趴伏着三头金钱豹静静的注视着她

罗布泊里的细沙一大片一大片的扬起

像一层薄雾又像一件白色的婚纱

海伦闭上的双眼里闪动一个个场景

此刻的她就是3800年前的楼兰公主

那个挚爱她的人

曾经含着泪把她埋葬

用颤抖的双手替她阖上双眼

用滚烫的唇吻干她眼脸下最后两滴泪水

泪水为什么变得源源不绝

因为它来自他的眼里
他的眼泪变成了细雨变成了塔里木河
从那一天开始永远的干枯了
楼兰公主啊只是着了魔一样的睡了
睡去之前他是最后的记忆
我的楼兰王国不是因为断水而消亡
而是因为那一场可怕的瘟疫
沿着孔雀河道污染了所有的水
水里有瘟疫也有思念
她醒来后只看见数不清的白骨
像鼓槌像撕裂的战旗一样到处都是
脑子里的物质好可怜
没有一秒钟见过真正的太阳
那些固有的意识像一个巨大的监狱
眼睛成了放风时唯一的窗口
眼睛里看见的多少是现在发生着的
还有多少是很久很久以前发生过的
海伦清楚的看见了打开的潘多拉

她开始拼命的舞动试图逃离
老妪抱着小男孩
小男孩跪伏着把头埋在膝盖里紧闭双眼
那是灾难发生时唯一可以做的动作
像那个突然冒烟的庞培古城里的小男孩
也许不去看
死亡的瞬间可以安详一点
十三只鬣狗围着她　围着老妪　围着小男孩奔突着
它们闻到了死亡的味道
海伦的舞蹈那么激烈那么美丽
鬣狗们扑近又惊吓的跳离
此刻的鬣狗已经快忘记饥饿
看见了海伦的美丽它们变得迷离混乱
鬣狗的眼里充满贪婪充满食欲充满胆怯充满占有
这难道不是潘多拉魔盒被打开的瞬间
那个邪恶的神希望人类拥有的吗

我多么希望在魔盒打开之前
就变成一个稻草人
有一天被一股蓝色的天火
微笑着点燃

那个挚爱她的人，曾经含着泪把她埋葬。

从影片50分09秒到52分01秒给我的感触。

一 尘与雪组诗二十二·三百六十五封信

我们用记忆给将来写下一封封信

我们用时间给过去写下一封封信

打开星星的信封

里面装着支离破碎的自己

怎么拼凑也逃不过最后的那声叹息

小男孩是儿时的自己吗
他围着隆起的坟堆拼命奔跑着
坟堆上他的灵魂双手抱胸跪在上面
静静的倾听过去发生的一切
被风吹皱的沙漠像黑白相间的羽毛
海伦跪伏在沙子里脸朝向地面
根本看不清她是否还在哭泣
小男孩围着海伦跪伏的身体奔跑着
他一遍遍重复踩过自己的脚印
那些童年时臆想的爱意
那些本来以为可以深刻铭记的东西
有一天才发现早已变得荡然无存
如同小男孩沙子里转圈留下的足印
隔一天过去看就已经不知去向
只有我的沉默像迁徙的沿鸟
留在恒河上空飞翔的痕迹
只有紧闭双眼才能偶尔看到
羚羊试图钻进海伦舞蹈着的身体里
它嗅到了母性的味道

鬣狗依旧一遍遍奔突着
在海伦舞蹈姿态的末端
它们像一粒粒扬起的灰粒
我的心仿佛一间老屋
窗户一百年不曾开启
小男孩躺在三只金钱豹身侧睡去
如果我们只是相隔一尺
我们还能见面
如果我的身体永远在一秒钟之后的空间里
那么只能我看见你
你茫然的看着上一秒里的一切
老妪示意我不用说出什么
有了心跳和眼神就足够交流了
逆光的枯树上山猫滑下来
我也跟着滑下来
站在树的最高处看的太远会让我恐惧
我看见了远处的死亡
却怎么也看不见远处的重生
头枕着沙丘的分界线睡吧

狞獾陪着老妪山猫陪着小男孩
金钱豹陪着海伦时间陪着我
我多想有一汪水
可以让我找回丢失在水中的容颜
我多想接近将来接近过去
而仅仅把现在忘记
我多想跳一支无须舞步的舞蹈
如敦煌洞窟里的那些线条
我多想紧闭双眼忘记人类的语言
正因为有了语言
我们和喜马拉雅融雪里漂游的鹤群
我们和跃出水面的抹香鲸
我们和剪影里的羚羊
我们和尼罗河畔散步的巨象
我们和这个世上所有的动物都有了隔阂
我们甚至和自己的同类也开始有隔阂
心中充满爱充满对爱的欣赏
语言还要它做什么
静静的把发生的一切当作贵妃出浴的瞬间

透过白蒙蒙的水汽看自然的美
用时间用记忆每一年写三百六十五封信
寄给遥远的将来寄给亘古的过去
寄信的地址和收信的地址
都是传说中的伊甸园

那些本来以为可以深刻铭记的东西，有一天才发现早已变得荡然无存。

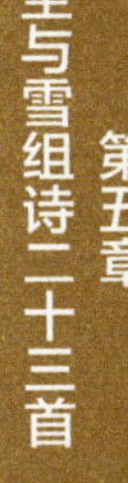
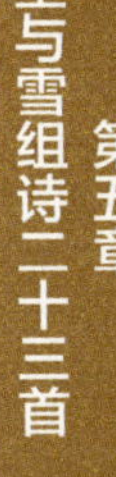

从影片52分02秒到结束给我的感触。

一　尘与雪组诗二十三·尘化雪

大海只是我水汪汪的眼眶

那一头座头鲸呼吸之间

一万吨水钻入鼻孔又流出鼻孔

它的歌声来自灵魂

不需要歌词也不需要观众

18米的身长35吨的体重

让它成了水面上移动的卢浮宫
座头鲸是我手中的笔
在大海的宣纸上用狂草挥毫
写下什么一点也不重要
重要的是在内心铭刻着什么
水里的纳格索斯不再是水仙花的化身
水下有十六头巨型座头鲸
不知道哪一个曾经是他的影子
他跟随它们中的两头沉沦沉沦沉沦
仿佛迷路才是最后的终点站
沉沦的终点有五彩的贝壳吗
纳格索斯啊
当初爱上自己影子的美少年
那一次他跳进自己的影子里消失了
这一次可以醒来了吗
他返身试图游回海面
沿途经过了一亿个水泡
那些水泡来自座头鲸的鼻息
光线越来越充足水泡越来越透明

从下面看白花花的一片
仿佛一场雪花的舞蹈
突然眼前漆黑一片
纳格索斯赶上了金枪鱼的大迁徙
纳格索斯混杂在其中
像受精时一亿个精子中的一个
也许生命的全部意义就是为了延续
不知道宇宙给我的基因
还能够保存多久
几万个基因拥挤在23对染色体上
如过有一天
我们的基因可以和其它生物的基因交换该
多好
如果有一天
我们可以打乱时间的顺序活下去
我会先用掉死亡　最后用掉出生
如果真的有那么一天
荷马史诗是否需要改写
纳格索斯被引入海中的一个峡谷

眼前突然一亮可以透过海水
看见一轮橘红色的太阳
那里的水蓝的像透明的美酒
那里的珊瑚仿佛就是纯粹的颜料
在那里海伦等着他
在珊瑚的舞台上一起琴瑟和鸣
这里仿佛是黑池舞蹈节
他们旋转着叶子一样轻盈的身体
他们舞姿画出的弧线像漫天飞雪
她和他的身体仿佛六瓣雪花
伸出大海的手掌　伸出光的手掌
伸出珊瑚的手掌
轻轻接住这两片雪花
他们是天堂给我们的礼物
此刻的大海像一个子宫
她正在孕育一首天籁之音
从观世音的故乡喜马拉雅山飘送过来
飘过恒河　飘过尼罗河　飘过亚马逊河
飘入一个个生灵的耳朵里

那是写给过去的写给未来的一封封信
被宇宙之光轻轻诵读
看完后就烧了它吧
把灰烬撒入雪里
我在静静的等待
雪融化时的那一刻
变成我的血液
变成我的骨髓
变成我的灵魂
变成那一粒尘埃
和尘埃般的我
不期而遇

如果有一天，我们可以打乱时间的顺序活下去，我会先用掉死亡 最后用掉出生。

第六章
雪　魂

雪是冬天的睫毛，轻轻的一眨，把我变成了梅花。只能看着它一个劲的暧昧，却不能拥有，甚至伸出手接着的热情，都会化了她。我曾经认为它是一件白色的旗袍，一次次穿在臆想的情人身上。一部分贴附着她的线条，一部分因了她的体温而雾气蒙蒙。下雪天我是找不到那个爱人的，只能站在雪中，让自己一片纷乱。

还剩下一个想的人，长了一头，雪的卷发。

一 雪的卷发

今夜

雪无穷大

推窗

自己变成了一片

路灯一眨一眨

星星撕碎了般

从记忆里陪着落下

里面的故事

最动人的

都讲完了

捋一捋

还剩下一个想的人

长了一头

雪的卷发

里面的故事，最动人的，都讲完了。

我的心事本来，只属于自己。

一　雪的秘密

雪的上面
有一双手吗
或者有个枝头
用空空的眼神在等候
那么急急忙忙
埋了夜灯的影子
可影子前的脚印
却愈发昭然若揭

我的心事本来

只属于自己

小酒馆里的秘密

被撕成了六瓣

一股无名的风捡起它

吹落到异乡

下辈子一样的

渺无音讯

一股无名的风捡起它，吹落到异乡。

从书里爬出来时，
我变成了一只蝶。

一　雪的下落

在北方
有一个季节
可以捡起凋落的梨花
雪一样哭泣的梨花
曾在林黛玉的手心
接住她的叹
还接住了她的一滴泪
透过晶莹的泪花

看到她的眼神

却看不到结局

她伤心了

雪空荡荡旋转着

她走后

埋了她站立过的地方

我从书中去考证

那个地方的存在

从书里爬出来时

我变成了一只蝶

却找不到

她说过的花期

却找不到，她说过的花期。

雪想追赶的，不是蜿蜒的长城，也不是窦娥的冤情。

一 追 雪

雪想追赶的
不是蜿蜒的长城
也不是窦娥的冤情
雪想追赶的
只是开春后的花花草草
把大地一片一片点燃
用自己的融化
变成一滴水

变成一条小溪

变成一汪江河

一刹那把大地变成

锦绣一片

我却只想要一缕花香

顺着雾飘向

你的家乡

> 我却只想要一缕花香，顺着雾飘向，你的家乡。

无论她怎样死去的，我只欣赏她活着时的芳华。

一 叩 雪

雪是裸体的
像华清池里的杨贵妃
无论她怎样死去的
我只欣赏她活着时的芳华
像一朵不忍心摘下的牡丹花
有一天看见她枯萎在脚下
我会告诉自己
这一定不是她

如同分手多年又见面的情侣
微微一笑都释怀了
当初踏着雪的咯吱声
仿佛飞鸟踏在枝头上
留下了什么
又失去了什么
只有自己最清楚

有一天看见她枯萎在脚下，我会告诉自己，这一定不是她。

雨是哭着坠落的。

一 雪冰棱

雪花是月
积攒了百年的思念
从一万米高空旋转落下时
眩晕的舞姿
不知是否发自内心
就这样在天之裂缝处
把雨缝合
雨是哭着坠落的

如婴儿的啼哭

雪则是悄悄来的

当我走出梦看到它时

以为梦被雪拥抱了

我成了

月亮屋脊下接泪的

冰棱叹号

雪则是悄悄来的。

可扬起的雪花，像瞬间开刃的匕首。

一 雪的梦话

雪后什么足迹
都会像印章一样
拓印在刺眼的阳光下
仿佛生命从来没有秘密
西风试图抹掉一些什么
可扬起的雪花
像瞬间开刃的匕首
把我眼里仅剩的一点点回忆

关于你的回忆
全部刺伤
我和雪对视良久
甚至躺成一个大字
试图诠释活着的意义
最后才发现
我只是雪握住的一支笔
写了漫天的
梦话而已

最后才发现，我只是雪握住的一支笔。

一朵朵哭泣过的传说，留下梅花一般的脚印。

一盲雪

雪是一颗种子
一千年后才会发芽
在白狐的身体上盛开
一朵朵哭泣过的传说
留下梅花一般的脚印
在雪后饥饿的寻觅
寻觅一千年前失去的
失去的那次真情

三生石做了桥拱

只有流水仰视时

才能看见当初的承诺

一笔一划

静静的躺着

躺在雪花见不到的地方

躺在雷峰塔的

远方

只有流水仰视时，才能看见当初的承诺。

为什么换了场景，英雄不是英雄，小人也不是小人。

一 雪魂

我是塞北的子民
和张骞一样活着
娶了胡人做妻子
还学会在雪中吃肉
其实天空一直都是蓝色的
和我记忆里的大海没有不同
为什么换了场景
英雄不是英雄

小人也不是小人
那一刻做的事情
变成了这一生唯一的记号
我知道自己来迟了
虞姬的记号就是
脖颈上那一道剑痕
我拼命抓起一把雪
怎么堵那喷涌的血
都像梅花一样盛开
然后在我的手心
无情的凋落

那一刻做的事情，变成了这一生唯一的记号。

小径上没有了影子，只剩下很久以前的脚印。

一 雪花

没有根茎

没有叶子

也不需要秋风

帮助它凋零

一次次落在那个小径

小径上没有了影子

只剩下很久以前的脚印

不深不浅

刚好踩在云的对面

不知道水中有没有鹊桥

把我的眼神

飘落在上面

让思念顺着桥洞

左边三片

右边五片

让思念顺着桥洞，左边三片，右边五片。

第七章 远古神兽

上古时代，也许有更多的文明。像天空裂了一个缝，那束光慢慢合拢。那个时代，有许多神兽，来自冥冥的天际。如果可以追忆，它们不是灭绝了，而是纷纷走了，留下孤零零的我们。有朝一日，会回归吗，那信仰的图腾。那时人类可以静下来，有更多的超能力，我们却向着退化的方向进化着。远古神兽不是那时人类的恐惧，而是一种追求，如我钻进诗的山顶洞里，自愿披头散发一样。

自女儿山至贾超山共十六座山，方圆三千五百里。山神都是钟山神，马身龙首。

一 钟山神

来时山崩地裂
去时像一股风
龙首龙尾
胡须边都是祥云
在鼻息里环绕
我的仰天长啸
从女儿山到贾超山
是蜿蜒的脊梁

是十六座山一样的椎骨

交错抖动那烈烈马鬃

汗血马的身体

肌肉岩石一样扭曲

仿佛痛苦的表情

马蹄下一团团火苗

那是山火

一直在熊熊燃烧

山谷里有巨大的灵芝

像芭蕉扇一样

给我一股狂热的

逆风

马蹄下一团团火苗，那是山火，一直在熊熊燃烧。

西方天山之上，有一神鸟。形如黄布口袋，瞬间可如一团火一样鲜红，耳鼻目口均没有。脖颈上生出四个翅膀，六只脚，掌如人手，只有四指，却精通歌舞，名曰帝江。

一 帝 江

西方三百五十里
多金玉的天山上
我听见天籁之音
为何迟迟不肯露面
英水之侧

激流在汤谷平静

水中有一个影

旋风一样舞蹈

怎么混沌无面目

头颅让四个巨翼取代

不想再看见一切

除了自己的心

身体布袋一样扎紧

瞬间火一样的鲜红

六只脚轻轻的落下

足部如人的手掌

用四个指尖

弹落满身灰尘

我不是神鸟

是一个舞者

倾听着对面

惶恐的心跳

我的形在空气里

给你一股幽风

从此静静的静静的

为我

痴迷

我把它描述成舞蹈音律的祖先，山川为之安静。当我们唐突的走近它，开始吓了一跳。心砰砰的跳着，比喻受了世俗的侵扰。开始看见帝江，一个用心在舞蹈的神鸟。我们何必再铺张的，使用眼鼻耳口这些感觉器官呢，只要用心去听，听风中的一切，就足够了。

青丘国之北，有异兽叫九尾狐。成就了大禹和涂山氏的佳缘。狐耳九尾，音如婴儿。食之，百毒不侵。后来成为祥瑞和子孙繁荣的象征。

一 九尾狐

站在梅花下面
我以为你是雪
青丘国之北
纷纷扬扬的落下
梅花盛开时
雪中有你婀娜的足印

又轻轻的被风抚平
我是一千年前的
那只狐
为了传说的姻缘
胆怯的来了
如婴儿般的诉说
月色里的忧愁
九尾漂浮
怎么那么多牵挂
回头看
只是想掩盖自己的影
不想让你知道
曾经无数次
来到你的窗前
推开窗仔细看
月色里的一切
也许我还在
也许已经走了

像雾一样

不明不白

站在梅花下面，我以为你是雪。

北二百里，发鸠之山，多枯木。有鸟形如乌，文首，白啄，赤足。曰精卫。鸣自詨。炎帝幼女，名女娃。游于东海时，溺亡。常衔西山之木石，图添东海。

一 精 卫

海的路径

怎么那么漫长

如何走出

那汪蓝色的离殇

到了这里沉溺

炎帝啊

女娃一去不返

是东海的神

收去了她的魂魄

异乡的游子

变成一只神鸟

却飞不出眼前的大海

文首白喙赤足

一身湛蓝的羽毛

我要填满眼前的一切

才能回到过去

西山的木石太少

在海底如一根根火柴

点燃一切

点燃滚滚红尘

火焰的外侧

有一万度的炽烈

毁灭才是重生

我却办不到

我要填满眼前的一切，才能回到过去。

钟山的山神叫烛阴。又名烛龙。睁开眼天下是白昼。闭上眼天下是黑夜。吹一口气，天下是冬天。吸一口气，天下是夏天。从来不吃不喝，也没有气息。吐一口长气，便狂风大作。身形如蛇，长达千里。面如老人，全身通红。

一 烛 阴

两个巨大的山洞
是巨龙的鼻孔
眼睛看着天空
好像瞳孔已扩散

鼻息里没有流动的风

一千里的火焰山

是我岩浆做的身体

不吃不喝

像燃尽的红烛

睁开眼天亮了

人类玩偶一样被激活

眨一眨睫毛

顷刻乌云密布

对什么都无动于衷

闭上眼天黑了

像木偶的线放下

去梦里寻找安宁吧

一切卑微似蝼蚁

我们何时顾忌它的死活

吸一口气是夏天

呼一口气是冬天

一声叹息

惹来狂风大作

一张老人的脸
微弱的气息只够纠结
蛇身蜿蜒着
像鞭子一样
皮纹早已斑驳

吸一口气是夏天，呼一口气是冬天。一声叹息，惹来狂风大作。

崇吾山的畏兽，善于投掷，虎豹畏之。如一只巨猿，头部秃顶。

一 举 父

崇吾山崖之上

一根藤就足以

让我在天地之间纵横

如一只巨猿

长了一半的毛发

秃顶的头部

为了不去遮挡

目光炯炯

在藤的柔软里

有我刚硬的身体

全身的毛发

全部朝向　手相反方向

那是准备投掷

把规则投掷出去

狠狠的砸下

虎豹闻风丧胆

满身都是斑斑点点

青石的烙印

有一天把石块

投向月亮

从此月亮有了

阴晴圆缺

有一天把石块，投向月亮。从此月亮有了，阴晴圆缺。

生于石湖，此湖恒冰。长七八尺，形如鲤而赤，昼在水里，夜化为人。刺之不入，煮之不死，以乌梅两枚煮之则死。食之可避邪。

一 横公鱼

寒冰里的赤红

是不是心在流血

七尺男儿

却不得不在水里伪装

伪装的坚强

竟然刀枪不入

到了夜里

才看见真实的自己
在冰的镜子里
不过是一汪水
我愿意在乌梅里
静静的死去
那颗乌梅树还在
乌梅树下的诺言
在风中越来越酸
连同我的尸体一起
在恒河里漂流
那是灵魂在寻找
一个安静的地方
让流浪变成
解脱

在冰的镜子里，不过是一汪水。

别名九头鸟。色赤，似鸭，大者翼广丈许，昼盲夜了，稍遇阴晦，则飞鸣而过。爱入人家烁人魂气。亦有说法称九首曾为犬呲其一，常滴血。血滴之家，则有凶咎。

《三国典略》、《岭表录异》、《正字通》、《古风》有载。

一 鬼 车

九个兄弟

共用一个身体

白天什么也看不见

只剩下夜晚的嚣张

在流星过后
它跟着划过天际
趁人们熟睡时
吸走魂魄
一万个魂魄
够不够再生一个躯体
全身如火
却没有一丝温度
仿佛死亡一般
在冷血里啸叫
把指尖刺一个洞
血滴到哪里
谁家就会有凶咎
它则在不远处
冷冷的笑着
笑声换来的
是下一滴血

仿佛死亡一般，在冷血里啸叫。

四大凶兽之一，形如巨大的狗。嘴里喷涌绿色的涎液，全身如鳄鱼皮，无眼。眼窝位置伸出，长长的触须，被触须轻轻碰上，会马上骨断筋折。

一 混沌

天地如一个胎盘

粘稠的涎液

有一股腥臭味

所有的生物都无法呼吸

只有它

嘴里喷涌绿色的唾液

阴阴的冷笑着
身体如一只巨狗
全身长满鳄鱼皮
眼窝里没有眼睛
也不需要任何光明
眼窝里甩出去--对触须
像沾满毒的钢鞭
轻轻的触碰到
任何人都会骨断筋折
如火山喷发的瞬间
它吼叫着
一口口吞下太阳
消化成岩浆
到哪里只为了
摧毁

眼窝里没有眼睛，也不需要任何光明。

有牙的小猪状，因叫声而得名。可以预见丰年。《山海经（东次四经）》有载。

一 当康

乳猪一样叫着
像一只白色的瓷瓶
供奉在土地爷下面
却活了到处奔跑
如果叫声超过三遍
明年够吃一年

如果叫声超过三遍，明年够吃一年。

第八章
生　灭

蝴蝶变成花泥，花泥里某一天孕育出蝶，周而复始。仿佛这生生灭灭，就是一股蝴蝶烟，在我嘴里吞吐。烟从记忆里冒出，从蕊里冒出，从木屋的烟囱里冒出。变了形幻化成万物的始，被想的人，吸引了过去，可想和坚信有时候却不划等号。

用子弹击穿月亮的眼眶，让她流出红色的泪，淹没整个夜晚。

一 猎 杀

我想要一把猎枪

把子弹击入黄昏的动脉

让那一刻的天空

一片鲜红

我想要一把猎枪

用子弹击穿月亮的眼眶

让她流出红色的泪

淹没整个夜晚

我想要一把猎枪

把子弹击入那红烛

让烛燃烧到弹孔的位置

就自动熄灭

留下另一半烛泪

每个夜让我轻轻的擦

我想要一把猎枪

用最后一颗子弹

击穿我的头骨

顺着弹孔喷溅虞姬的血

子弹是开始　也是结束

把弹头套进弹壳里

变成一支笔

我握紧它

开始写一句句燃烧的文字

那文字闪烁着地狱之火

此刻正发出

幽蓝色的死光

用最后一颗子弹，击穿我的头骨，顺着弹孔喷溅虞姬的血。

呼吸只有十平方，我的半个床，你的半个影子。

一　一缕炊烟

羡慕那烟囱

可以吐出一缕炊烟

喉咙的烟囱啊

只剩下借来的呼吸

呼吸只有十平方

我的半个床

你的半个影子

屋子里

就已经拥挤不堪了

偏偏月光里的雪

又来借宿

那就让我

变成一缕烟吧

睡进

竖着的风中

喉咙的烟囱啊，只剩下借来的呼吸。

我捡起九层花瓣，
却数不清你的思绪。

一 九层花瓣

当梨花落下时
和你初遇
我捡起九层花瓣
却数不清你的思绪
只有一股诱人的花香
进入我的身体
使我四肢绵软无法迈步
任思念的毒

吞噬可怜的肉体

吞噬秃笔一般的骨骼

迟了是否意味着一无所有

看着离雁的背影

我只能用目光做秋风

把遗憾的天空打扫的干干净净

谁知道秋风又回到小窗

轻叩我的

睡意

我只能用目光做秋风，把遗憾的天空打扫的干干净净。

看那一枚红色的落叶，如何赶赴那一场美丽的死亡。

一 美丽的死亡

风起的深秋

看那一枚红色的落叶

如何赶赴那一场美丽的死亡

落下时静静的

如那只白狐的目光

扫过雪后的山坡

一步步走进去

走进没有食物的雪里

和雪一起冷着

等待仓央嘉措的脚步

轻踏她的身体

留下的印记

为什么比岩浆还滚烫

我瞬间蒸发了

蒸发在他的诗里

闻一闻满鼻的

桂花香

我瞬间蒸发了，蒸发在他的诗里。

如果风是你的唇，
你一直在说话。

一 古柳

如果风是你的唇
你一直在说话
如果月是我的耳膜
我一直在听
在桑干河畔
古柳成了故事的门
走进年轮里
会变成年轮的眼睛

石凳旁边的白马

不过是一片云

掉下来的十颗星星

是去年丢了的风筝

在雨的屋子里

回忆劈啪作响

我明白了

全部的故事不过是

一场梅雨季节

如果月是我的耳膜，我一直在听。

最后的岁月，和快要来的岁月，交织一起。

一 转世之前

最后的岁月
和快要来的岁月
交织一起
死去和重生
交织在一起
快死去的他
反而忽然精力旺盛
仿佛死灰

突然迸发的火星子

神经脆弱导致的幻觉

反而让他

一个人莫名的笑两声

转世之前

被询问到你愿意去她家吗

她是个疯子

去了之后因为她的基因

你有可能也会成为　一个疯子

我冷冷的讥讽道

看她那傻样

不过她一定不会骗我

于是我投胎时　选择了她

生出来人们都说

这孩子　可惜了

疯疯癫癫的

她是个疯子，去了之后因为她的基因，你有可能也会成为一个疯子。

谁知道有些人，一遇见，便万劫不复。

一 一遇见

造一句春风

把流光织就

织就那眉心絮

飘落思念的水岸

岸边的桃花语

说给路人

路人却不是他

一条梨花小径

莫名云水风情

等待星空下

属于我的凉薄

沿着流星路

找寻孤单的他

谁知道　有些人

一遇见

便万劫不复

沿着流星路，找寻孤单的他。

让我看清楚这张疲惫的，树皮一样的脸，是不是将来的我。

一　一杯烈酒

给这个老人

一杯烈酒吧

帮我把他脸上的皱纹

洗干净

让我看清楚这张疲惫的

树皮一样的脸

是不是将来的我

酒都会蒸发

记忆却不会

记忆的草疯了般　长啊长

用它装饰一个孤坟

或者给狼群提供一个草场

用残月支撑住上下睫毛

有个声音喊着

他醒了　他醒了

另一个声音叹一口气说

哪来的

一个疯子

酒都会蒸发，记忆却不会。

只记得来时，西风是裂开的。

一 西风裂

那箫声
仿佛隔了什么
却硬生生的打通后
进入我心里
让我进入楚国
在雪天
抱着虞姬冰冷的
身子

返回今天

那长了雪的发之山

却不告诉我

回归的路

只记得来时

西风是

裂开的

那长了雪的发 的山，却不告诉我，回归的路。

我说，做一片泡尽甘苦的叶吧。

一香灰

品茶吧

用严谨的规矩

我说

做一片泡尽甘苦的

叶吧

凉了后

接受泼出时的

随遇而安

冥想吧
用辟谷的初衷
我说
极乐世界最幸福的
不是满足
而是愿意
做山下的水牛
静静的接受

焚香吧
佛前随着青烟升天
我说
烟的缥缈可以逃避世俗
却不愿意
宁可做香炉
去承接香灰的
热烈

我说，极乐世界最幸福的：不是满足，而是愿意。

后记

《蓝印花》发行后，封底那个“庞贞强诗歌名人诵读堂”便开启了一个窗口，竟然有越来越多的朗诵者加入，老师们的声音装扮了我的诗作，如彩蝶一样纷纷飞向外面的世界，让我的诗性大发，之后，2015年10月19日凌晨4点43分我在新浪博客上完成诗作整一万首。

至此，我也筹备申报三项截至今天的吉尼斯世界纪录。

目前已知在博客写诗最多的诗人。

目前已知单月在博客上写诗最多的诗人。（2012年6月创作630首。）

目前已知单日在博客上写诗最多的诗人。（2012年6月15号创作62首。）

至此，我的诗观也愈发的清晰：人人可以，人人欣赏，为普通人写诗。如果还有哪个人不懂我的诗一定是我还没有写进他的内心。

这本《黄生灵》中给盲人，母亲，消防战士，出租车司机，自闭症儿童，对越自卫反击战参战英雄等创作了诗作。还有许许多多的普通人需要去挖掘去歌颂。

和之前出版的《蓝印花》一起，《黄生灵》《红涅槃》构成了“红黄蓝”三部曲。三本诗集均由“李尘工作室”装帧设计彰显了诗集的品质。

诗一定是美的，诗一定是当下的，诗一定是写给普通人的，诗一定是可诵读的。

庞贞强

2016年2月11日

特别鸣谢

吉狄马加　伊德尔夫　祁　人　锡林巴特尔
白清元　张　伟　张忠涛　赵建华　马端刚
吴永旭　余兴国　阴慧安　廖治臻　余胜亮
曾　丹　钱　英　关　瀛　周宝明　杨克勤
宋春霞　刘大航　朱　丽　刘晓宁　赛　娜
金淑敏　诸慧新　吕秀英　罗　西　刘　戈
牛国华　付美英　张　红　张　晶　梅　园
林　楠　彭　鹭　张　媛　甄　鑫　单慧生
秦丽丽　常世伟　戴朝怡　闫　蕾　王　琛
肖　丹　姜游游　贺　宇　乐　鸣　张建华
雪　石　薇　雨　刘卫伟　陈津原　卫一鸣
赵相平　胡理卓　周明空　宋　鸣　王常春
余胜宠　叶　佐　余云康　朱长康　李存才
高建军　苏　晗　蔡冬梅　袁洪龙　李　强
陆春芳　田玉宝　周　新　等